正々堂々と

―前橋高校長三年間の軌跡―

小笠原　祐治

平成26年度卒業アルバムより

努力することを楽しむ（平成26年度・卒業アルバム）　19頁

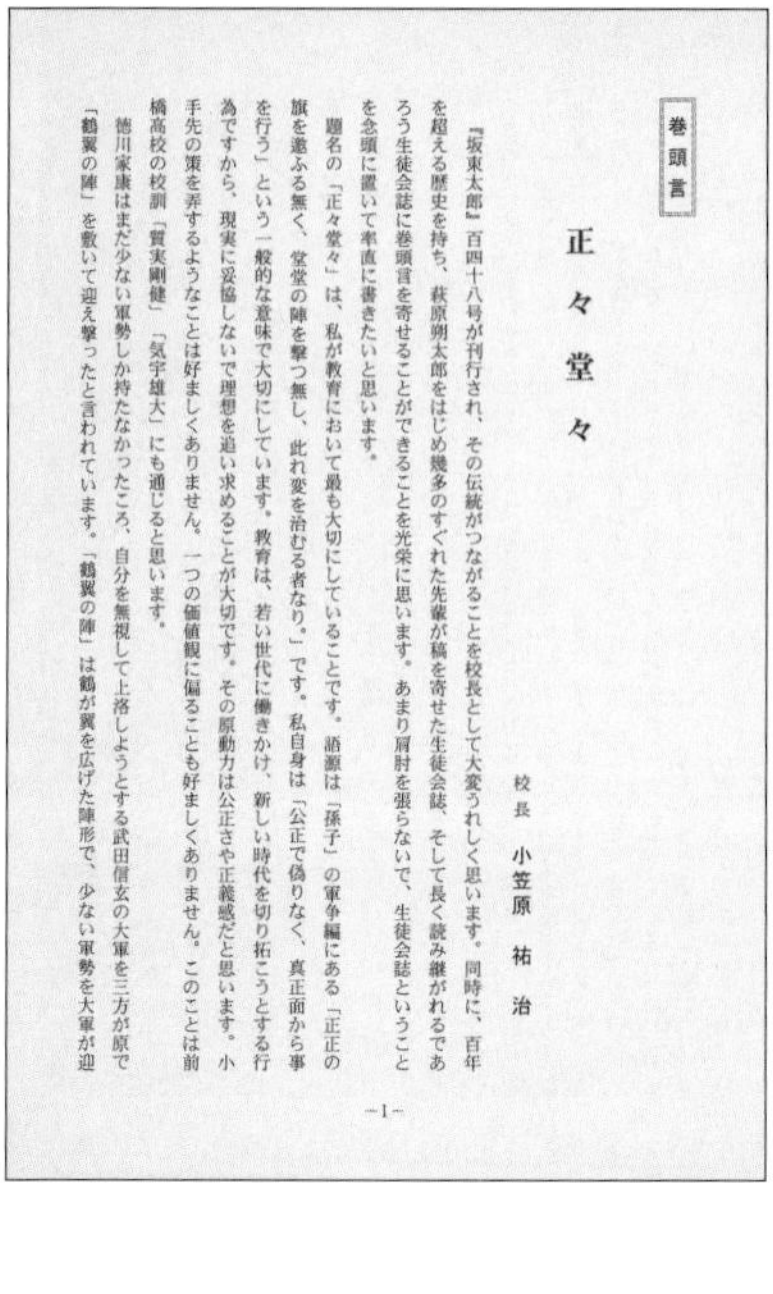

巻頭言

正々堂々

校長　小笠原　祐　治

『坂東太郎』百四十八号が刊行され、その伝統がつながることを校長として大変うれしく思います。同時に、百年を超える歴史を持ち、萩原朔太郎をはじめ幾多のすぐれた先輩が稿を寄せた生徒会誌、そして長く読み継がれるであろう生徒会誌に巻頭言を寄せることができることを光栄に思います。あまり肩肘を張らないで、生徒会誌ということを念頭に置いて率直に書きたいと思います。

題名の「正々堂々」は、私が教育において最も大切にしていることです。語源は「孫子」の軍争編にある「正正の旗を邀ふる無く、堂堂の陣を撃つ無し、此れ変を治むる者なり。」です。私自身は「公正で偽りなく、真正面から事を行う」という一般的な意味で大切にしています。教育は、若い世代に働きかけ、新しい時代を切り拓こうとする行為ですから、現実に妥協しないで理想を追い求めることが大切です。その原動力は公正さや正義感だと思います。小手先の策を弄するようなことは好ましくありません。一つの価値観に偏ることも好ましくありません。このことは前橋高校の校訓「質実剛健」「気宇雄大」にも通じると思います。

徳川家康はまだ少ない軍勢しか持たなかったころ、自分を無視して上洛しようとする武田信玄の大軍を三方が原で「鶴翼の陣」を敷いて迎え撃ったと言われています。「鶴翼の陣」は鶴が翼を広げた陣形で、少ない軍勢を大軍が迎

－1－

正々堂々
（平成25年度・坂東太郎）　71頁

前高PTA新聞

発行
群馬県立前橋高等学校ＰＴＡ
前橋市下沖町321-1
(027)232-1155

ご家族でお読みください。

第68回　前高・高高　定期戦

H.26.9.26
於・高崎高校

赤城颪に送られて
学びの窓にあつまりし
健児の希望花と咲く
不断の春の厩橋

刀寧の沿岸今ここに
松の緑の色深く
男児の粋をあつめたる
われ等が前橋高等学校
われ等が前橋高等学校

修学旅行 ～復活！～

修学旅行の歴史

平成 16 年度入学生までは、第 1 学年冬時に関西方面または沖縄方面への修学旅行実施。
平成 17 年度入学生は、第 1 学年時冬（平成 18 年 1 月末）に沖縄への修学旅行実施。
平成 18 年度入学生から、修学旅行に代わり第 2 学年時に関西方面の大学への研修旅行実施。
平成 23 年度前校長が、修学旅行の実施を決定。
そして、平成 25 年度入学生から、沖縄への修学旅行復活！

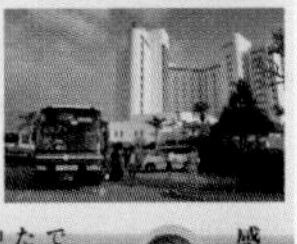

感性で捉えた沖縄

校長　小笠原　祐治

二年生は修学旅行を楽しんでくれただろうか。「楽しかった」と言ってもらえるなら、沖縄修学旅行は成功だったと思う。高校生活の中間点で、学校を離れて「非日常の時間」を持ったことは自分を振り返るよい機会になったはずだ。高校生活や今後の人生への意欲が高まり、高校生活の後半は大学進学への準備を本格化しようと決意してくれたなら、大成功である。

普天間基地の辺野古移設が争点の知事選で大騒ぎのときに、二年生は沖縄に行った。沖縄は現在の日本が置かれた状況を最も端的に表していると私は思う。理想と現実、貴重な勉強をしたはずだ。広大な米軍基地、立派な道路や橋、優雅なリゾートホテル、寂れた町並み、中華街に近い町の色、悲惨な地上戦の傷跡、青い海と亜熱帯の樹木、など。若いときに感性で捉えたものは一生消えることはない。今後の人生に生かしてもらえたら、沖縄修学旅行の実施を決断した者として幸いである。

感性で捉えた沖縄（平成26年度・前高PTA新聞）　88頁

バランスの取れた教育
（平成25年度・同窓会誌）　91頁

■校長所感

バランスの取れた教育

小笠原祐治

同窓会員の皆様には、日頃から本校の教育にあたたかいご理解をたまわり、さまざまなご支援をいただいております。心より御礼申し上げます。

さて、最近の教育界では「特色ある学校づくり」ということがよく言われます。高校進学が九割を超えるなかで、多様な生徒に対応するために、生徒の実態を考慮して、各学校が従来の教育の在り方に工夫を加える必要があるのは当然です。しかし、前橋高校のように、大学進学を目指し学習意欲も高い生徒の集まる学校においては、従来の教育の在り方を改める場合には、かえって教育効果を損なうことがないように注意しなければなりません。

たとえば、知識よりも「考える力」や「発表する力」を重視すべきという意見がありますが、本当にそうでしょうか。そもそも、知識がなければ考えることはできませんし、知識が少なければ考えるレベルは低くなります。知識を蓄えることを簡単に軽視してはいけないと思います。ノーベル賞につながるような学問的功績をあげた日本の科学者が受けた教育は、従来の知識重視型の教育であったことを忘れてはなりません。

また、理科や英語に重点を置く教育が実践されています。「重点を置く」というと、良いことのように聞こえますが、他の教科の勉強が軽くなる欠点があることを忘れてはなりません。大学に進む生徒の場合、高校時代は「リベラルアーツ」型の教育で、広い教養を身に付けさせる方が大切ではないでしょうか。理科系の大学に進む生徒こそ、高校時代は倫理や歴史など、文科系の教科もしっかり勉強する必要があるのではないでしょうか。

例としてあげたことは結局バランスの問題ですが、「バランスの取れた教育」こそ大切なのだと思います。前高生には、各教科科目の勉強、部活動、学校行事にバランスよく取り組むことで、社会で活躍する基礎をしっかりと築かせたいと考えています。

3　所感●IMPRESSION

(1) 平成24年5月15日(火)　前高ジャーナル　第34号

進路と学習を考える　Vol. 34

前高ジャーナル

2012年5月15日発行　群馬県立前橋高等学校　進路指導部

知識は一生の財産

校長　小笠原　祐　治

三五年前、東大の入学式で、総長の向坊隆先生（当時の機械工学の第一人者）から聞いた話です。

「精密機械の設計で最も大切なのは精密さではなく、余裕です。余裕がない機械はすぐに壊れてしまいます。許容できる誤差が大きければ大きいほど優れた機械なのです。人間も同じです。だから、大学の四年間、専門の勉強だけでなく、サークル活動、読書、旅行など、いろいろなことを体験し、スケールの大きな余裕のある人間になってください。」

入学式には、一年間浪人させてもらったお礼の意味もあって、両親にも来てもらいました。結果的には、向坊総長の話を両親に聞いてもらったことは大変好都合で、私は伸び伸びと大学生活を楽しむことができました。

しかし、やがて教員になり「余裕がない」と感じる毎日を送るようになって重要なことに気づきました。向坊先生がおっしゃった「余裕」は与えられたものではなく、機械の設計者が自ら作り出したものであるということです。

高校生活も同じです。勉強が忙しくても、部活動や学校行事に取り組む時間や読書の時間は作れるはずです。逆に、部活動で忙しくても勉強する時間や読書の時間は作れるはずです。

「麻布、開成、灘」は中高一貫校で大学入試対策の授業ばかりしているので、受験には強いが、人間形成はどうかということを主張する人がいます。全く違います。これらの学校は受験対策の授業なんかしていません。部活動や学校行事も盛んです。

では、これらの学校の生徒が受験を勝ち抜いていく原動力は何か。「自信」と「自学自習」だと思います。つまり、周りに合格した先輩がたくさんいるから自分だって合格できるという「自信」、こういう勉強をすれば大丈夫という「自信」、自分をコントロールして自主的に勉強する「自学自習」の習慣です。

今年も前橋高校から、東大、京大、国立大医学部等の難関に多数が進学しました。「自信」を持ってください。努力すれば前高生が行けない大学なんて存在しません。東大だって二〇人以上合格できます。どういう勉強をすればよいか、自信のない人は先生に尋ねてください。前高の先生は教えてくれるはずです。

「自学自習」について、二つアドバイスします。まず、授業の予習、復習をしてください。特に、予習に時間をかけることです。自力で理解しようとすることで実力がつきます。次に、興味のある大学の「赤本」か「青本」を早めに買ってください。どんな問題が出題されるかを知って勉強することです。

結びになりますが、大学入試の勉強には真剣に取り組んでください。そこで得た知識は一生の財産になります。知識があることで人生の「余裕」も生まれます。私自身も、大学入試を目標に勉強した高校時代の知識が三〇年以上経った今でも、ものを考えるときの基礎になっています。

知識は一生の財産
（平成24年度・前高ジャーナル）　95頁

第１回
前橋高校Oxbridge研修
報告書

日程：平成２７年３月１８日（水）～２５日（水）

one great leap
（平成26年度・第１回前橋高校
Oxbridge研修報告書）　119頁

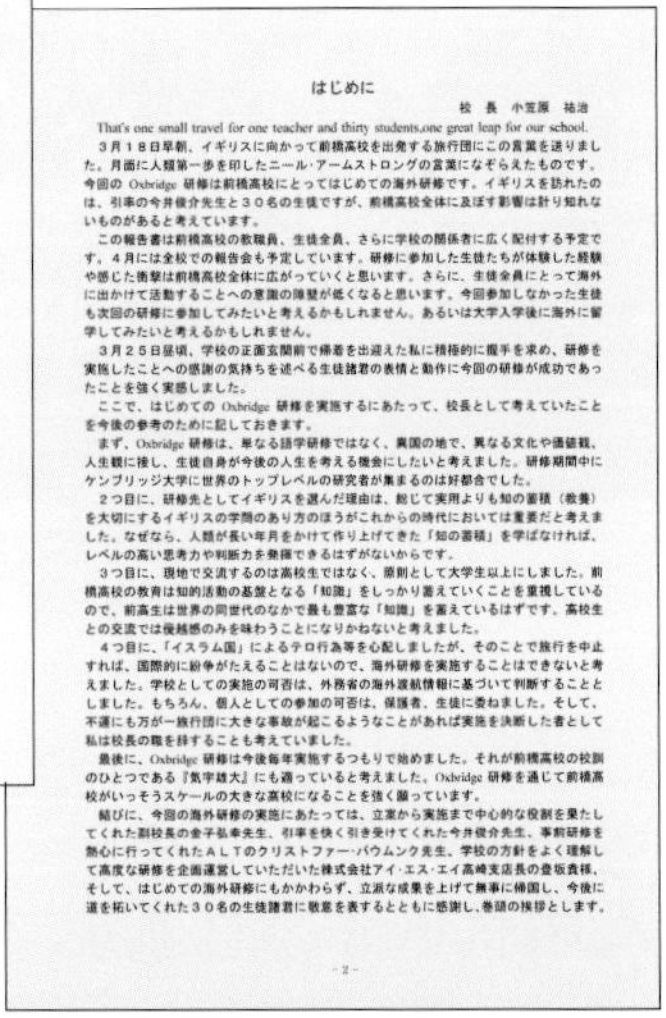

はじめに

校　長　小笠原　祐治

That's one small travel for one teacher and thirty students,one great leap for our school.

３月１８日早朝、イギリスに向かって前橋高校を出発する旅行団にこの言葉を送りました。月面に人類第一歩を印したニール・アームストロングの言葉になぞらえたものです。今回の Oxbridge 研修は前橋高校にとってはじめての海外研修です。イギリスを訪れたのは、引率の今井俊介先生と３０名の生徒ですが、前橋高校全体に及ぼす影響は計り知れないものがあると考えています。

この報告書は前橋高校の教職員、生徒全員、さらに学校の関係者に広く配付する予定です。４月には全校での報告会も予定しています。研修に参加した生徒たちが体験した経験や感じた衝撃は前橋高校全体に広がっていくと思います。さらに、生徒全員にとって海外に出かけて活動することへの意識の障壁が低くなると思います。今回参加しなかった生徒も次回の研修に参加してみたいと考えるかもしれません。あるいは大学入学後に海外に留学してみたいと考えるかもしれません。

３月２５日昼頃、学校の正面玄関前で帰着を出迎えた私に積極的に握手を求め、研修を実施したことへの感謝の気持ちを述べる生徒諸君の表情と動作に今回の研修が成功であったことを強く実感しました。

ここで、はじめての Oxbridge 研修を実施するにあたって、校長として考えていたことを今後の参考のために記しておきます。

まず、Oxbridge 研修は、単なる語学研修ではなく、異国の地で、異なる文化や価値観、人生観に接し、生徒自身が今後の人生を考える機会にしたいと考えました。研修期間中にケンブリッジ大学に世界のトップレベルの研究者が集まるのは好都合でした。

２つ目に、研修先としてイギリスを選んだ理由は、総じて実用よりも知の蓄積（教養）を大切にするイギリスの学問のあり方のほうがこれからの時代においては重要だと考えました。なぜなら、人類が長い年月をかけて作り上げてきた「知の蓄積」を学ばなければ、レベルの高い思考力や判断力を発揮できるはずがないからです。

３つ目に、現地で交流するのは高校生ではなく、原則として大学生以上にしました。前橋高校の教育は知的活動の基盤となる「知識」をしっかり蓄えていくことを重視しているので、前高生は世界の同世代のなかで最も豊富な「知識」を蓄えているはずです。高校生との交流では優越感のみを味わうことになりかねないと考えました。

４つ目に、「イスラム国」によるテロ行為等を心配しましたが、そのことで旅行を中止すれば、国際的に紛争がたえることはないので、海外研修を実施することはできないと考えました。学校としての実施の可否は、外務省の海外渡航情報に基づいて判断することとしました。もちろん、個人としての参加の可否は、保護者、生徒に委ねました。そして、不運にも万が一旅行団に大きな事故が起こるようなことがあれば実施を決断した者として私は校長の職を辞することも考えていました。

最後に、Oxbridge 研修は今後毎年実施するつもりで始めました。それが前橋高校の校訓のひとつである『気宇雄大』にも適っていると考えました。Oxbridge 研修を通じて前橋高校がいっそうスケールの大きな高校になることを強く願っています。

結びに、今回の海外研修の実施にあたっては、立案から実施まで中心的な役割を果たしてくれた副校長の金子弘幸先生、引率を快く引き受けてくれた今井俊介先生、事前研修を熱心に行ってくれたＡＬＴのクリストファー･バウムンク先生、学校の方針をよく理解して高度な研修を企画運営していただいた株式会社アイ･エス･エイ高崎支店長の登坂貴様、そして、はじめての海外研修にもかかわらず、立派な成果を上げて無事に帰国し、今後に道を拓いてくれた３０名の生徒諸君に敬意を表するとともに感謝し､巻頭の挨拶とします。

－２－

将来の日本を背負って立つ人間に育てたい
（平成26年度・卒業アルバム）　129頁

夏の大会で高校野球が終わるわけではない
（平成26年度・卒業アルバム）　153頁

9月20日発行　定期戦通報　第20号

定期戦は青春の象徴

定期戦通報

小笠原校長

第20号
9月20日発行
定期戦まで
あと8日

お話を聞かせてくださった小笠原校長

今回は一生徒の身でありながら、小笠原校長に定期戦について様々なことを聞かせていただいた。

—昨年の敗北を受けて前橋高校の校長として二度目の定期戦への抱負は？

「まず、私が前橋高校の校長として校長室に来たときには定期戦の優勝カップがありました。前校長から引き継いだ者として是非、取り戻したいというのが一番の想いです。」

—小笠原校長の理想の定期戦像は？

「私が思うに、高校生活には大学に入るために一生懸命勉強し、準備するという意味があります。けれど、もう一つ大切なこととして、高校時代というのは二度と戻ることのない、貴重で大変価値があるものだとも思っています。定期戦はその中で前橋高校、高崎高校の生徒にとっては高校時代の象徴となるものの一つだと考えています。両校の生徒には青春をかけて一生懸命やってもらいたい。それこそが理想の定期戦です。」

—注目の競技は？

「すべての競技で頑張ってほしい。特に、部対抗で言えばサッカーやラグビーが勝負のカギを握るのではないかと注目しています。また、わたしは、昨年まで高崎高校側からみていて前橋高校の綱引きに圧倒されていました。しかし、昨年はそれほどでもなかったので今年は綱引きで圧倒してほしいと思います。綱引きも実は頭脳的な競技で、私が高崎高校に勤めていたころの話ですが、ある年、前高はラスト5秒までホールドで、それから一気に勝負をかけてきて全勝しました。そこで高崎高校は翌年、対策を練って臨んだのですが前橋高校はその上をいきました。今度は始めの5秒で勝負をかけてきました。それでまた前高が全勝しました。今年はそのような場面を再現してほしいと思います。」

—小笠原校長の高校時代の定期戦の思い出は？

「私は三年間、一般対抗の卓球に出場していました。一・二年生のときには負けてしまいましたが三年のときには勝てました。しかし、学校の勝敗は全く逆だったのが印象に残っています。けれども定期戦は楽しい思い出です。それぞれの立場で楽しんでもらいたいと思います。」

—自分の高校時代の定期戦と今の定期戦を比べて思うことは？

「学生時代には定期戦にどんな意味があるかは、それほど考えずに夢中で過ごしていました。時には定期戦の練習ばかりしていて受験勉強をしないで大丈夫だろうか、といろいろと考えて不安に思うこともありました。しかし、今だからこそ思えるのは、あのとき仲間たちと一緒に一生懸命取り組めたことは非常によかったということです。前に言った高校時代そのものが価値を持っているということも最近になって思えるようになってきました。だから、今、定期戦の練習をしているから勉強について様々悩むこともあると思いますが、一人の先輩として言えることは、皆さんが定期戦を一生懸命やっているということは人生の中では非常に価値があることで、それは後でわかるということです。」

—最後に前高生に一言。

「私の家は高崎高校の近所なのですが、一学期に比べて下校が遅くなっている生徒が多く、高崎高校も熱心に練習している姿が見られます。相手としては手強いので前高生には精一杯頑張ってもらって、是非優勝カップを取り戻してほしいと思います。」

前高、高高の両校を見て、体感してきたからこそ見えてくる貴重なお話を聞かせていただいた。残り一週間。もう私たちにできることは限られている。しかし、その限られた中で自分たちの高校時代、青春をかけて自分たちのできることを精一杯やり抜こう。撃滅高崎、必勝前橋！！（文責　大谷）

かけがえのない絶対的な価値
（平成25年度・定期戦通報）　163頁

松韻

平成26年度会誌

群馬県高等学校長協会

あいさつ

会長　小笠原　祐治

平成26年度も終わろうとしていますが、この1年間、群馬県高等学校長協会の会長を務めさせていただいたことをたいへん光栄に思いますとともに、ご指導をいただきました県教育委員会の皆様、ご協力をいただきました会員の皆様、並びにご支援をいただきました多くの関係者の皆様に心より感謝申し上げます。

そして、今年度末をもって退職される校長先生方には、本会誌に随想を寄稿していただいていますが、長年にわたるご労苦とご功績に心より敬意を表しますとともに感謝申し上げます。

さて、昨年ブラジルで行われたサッカーのワールドカップでは、試合に敗れた悔しい気持ち、残念な気持ちを抑えて、観客席のゴミを丁寧に集めた日本人サポーターのマナーが世界中から絶賛されました。身近な部活動でも、大会に出場できない生徒が出場する選手よりもずっと長い時間、大会運営の補助をしている姿はよく見かけます。日本の学校は、学習とともに部活動や学校行事などの教育活動にも力を入れ、先生方も献身的に取り組んでいます。そのことが「我慢、奉仕、協力、感謝」など、人間として大切な心や態度を育てるのに大きく役立っていると思います。

また、国際的な学力調査によると、日本人の学力は、子どもも大人も世界のトップクラスにあります。このことを当たり前のように思っている日本人が多いのですが、小学校、中学校、高校などに勤務する大勢の先生方が時間を惜しまず、教育に熱い情熱と献身的な努力を注いでいることを忘れてはならないと思います。

母親が日本人でドイツの学校で学んでいる生徒が昨年3週間ほど前橋高校に体験入学しました。その母親が前橋高校の早朝補習、土曜学習、部活動、遠足、高崎高校との定期戦、研修旅行などの教育活動について、ドイツの学校と比較し、次のように述べていました。「ドイツの学校は朝は8時には始業するので早いのですが、終わりも早いです。子どもの通う学校は14時35分にはすべての授業が終わり、生徒は帰宅します。……前高の保護者の方々にはぜひ、学習面、社会面、職業選択の面などの多岐にわたってこのように手厚く面倒をみてくれるのは、実は当たり前ではないということを知っていただきたいです。もしかしたら、見方が変わるかもしれません。」

私がまだ若い頃、教員のあり方として「当たり前のことを当たり前に」という言い方をする校長先生がいて大変反発を感じたのを思い出します。当時の私も今の先生方と同じように、早朝も、放課後も、休日も勤務時間を大きく超えて生徒を指導していました。教育者としての意識が高い校長先生だったので、「当たり前」のレベルが高かったのだと思いますが、至らない私は校長先生のような境地には立てないで、こんなに努力しているのに「当たり前」というひと言ではやりきれないと不満に思いました。そんなこともあったので、私は、先生方に対しては、「ご苦労様」ではなく、「ありがとう」という気持ちで接しています。

高等学校長協会長はいろいろな場で発言する機会をいただきます。私は、大勢の先生方が国際常識を超えた情熱と努力を教育に注いでいることを丁寧に訴えていきたいと思います。

改正地方教育行政法の施行により、平成27年度から「総合教育会議」が設置され、教科書採択や教職員人事などの「教育の政治的中立性」に関わる部分を除き、首長と教育委員会が協議して教育行政の基本方針を決めることになります。特に、学校配置や教職員定数、学校運営予算については、首長及び首長部局が当事者として教育委員会とともに責任を負うということであり、教育界にとっては連絡調整に労力は必要ですが、今までは解決することが難しかった課題を解決するチャンスが訪れたと思っています。

それだけに、校長は関係者に対して、学校の現状を丁寧に説明し、具体的に要望を訴えていくことが今まで以上に必要になると思います。教育委員会は多くを語らなくても、「阿吽の呼吸」で学校を理解し、出来る限りの対応をしてくれました。しかし、知事及び知事部局は行政の守備範囲が広いので、こちらから相当の努力をしないと、学校や教育のことを理解し、学校が望むような対応はしてくれないと思います。

さらに、たくさんの会員からなるＰＴＡやＰＴＡ連合会の影響力や役割が今まで以上に大きくなると思います。それだけに、校長は各学校のＰＴＡに対して、学校の現状や課題を丁寧に説明し、学校の要望が実現するように応援してもらうことが大切だと思います。

現在、国では教育再生実行会議や中央教育審議会において教育改革が検討されています。その議論を聞くについても、私自身を含め、日本の教育に携わる者は自分たちの行っている教育の真価を理解してもらう努力が足りなかったのではないかと残念に思います。確かに、いじめや不登校など、日本の学校も大きな問題を抱えているし、グローバル化やイノベーションに対応する能力の育成など課題があることは事実です。しかし、だからといって、人間形成、学力形成のいずれにおいても優れている日本の教育を正しく評価することなく、その充実をはかることができるはずもありません。私はこのことを微力ながらも訴えていきたいと思っています。

日本の教育を正しく評価する（平成26年度・松韻）220頁

前橋高校長に小笠原氏

県教委人事

26校で校長交代 前橋女高は栗原氏

県教委は23日までに、県立学校長や事務局などの人事を固めた。前橋高校長には進学指導に定評のある小笠原祐治高校教育課長を抜てきし、前橋女校長に学校組織運営に優れた栗原長吉聾学校長を充てる。県高校体育連盟会長校の前橋商には、金子博スポーツ健康課長を起用する。本年度末の県立学校長の退職者は昨年に比べて1人少ない15人。26校で校長が交代、新任校長は13人となる。発令は4月1日。

異動名簿は1日掲載

伝統校では、太田に教育行政に精通した佐藤功沼田女校長を起用するほか、沼田に猿谷亮司富岡東校長、沼田女に大滝光男榛名校長、渋川に一場茂樹吾妻校長をそれぞれ充てる。

特別支援学校の拠点校となっている聾学校は宝田経志同校教頭を登用し、中央中等教育学校には生形優渋川校長を配置する。

事務局は課長4人が入れ替わる。総務課長には原沢良男管理課長を、管理課長には塚越昭一県総合政策室長をそれぞれ起用。高校教育課長に鵜生川隆之藤岡中央校長を、スポーツ健康課長に林康宏桐生市商校長をそれぞれ就ける。

女性の管理職は校長1人、教頭8人となり、本年度と比べ2人増える。

そのほかの公立学校長では、桐生市商校長に野村聡高崎女副校長、利根商校長に大嶋伊佐雄前橋商副校長、高崎経済大附属校長に田口哲男高崎市教委高等学校課長、四ツ葉学園中等教育学校長に下山重之伊勢崎一中校長がそれぞれ起用されることが決まった。

県教委では、県立前橋校長の吉野勉氏が新年度から県教委出身者としては20年ぶりに教育長に就任することが決まっている。品川豊、吉田シヅエ両教育次長は留任する。

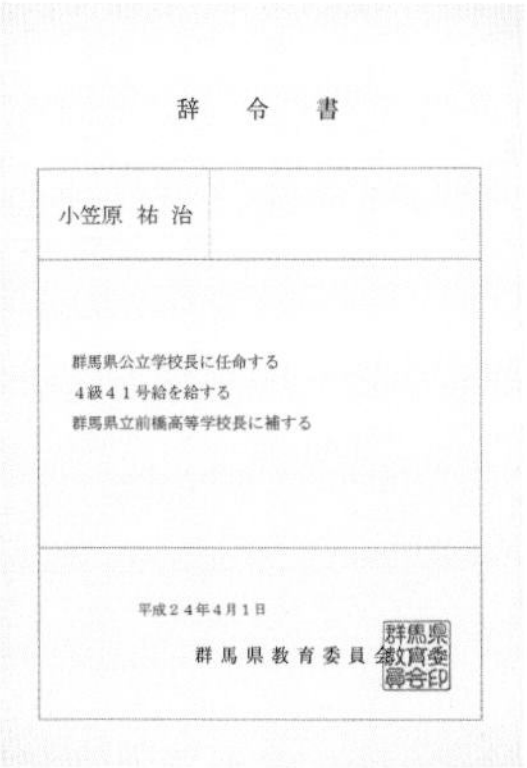

辞令書

小笠原 祐治

群馬県公立学校長に任命する

4級41号給を給する

群馬県立前橋高等学校長に補する

平成24年4月1日

群馬県教育委員会

群馬県教育委員会印

上毛新聞　平成24年3月24日付

兄の思い胸に雪辱誓う

前橋のエース西目直

前橋のエース、西目直生は三回に利き手の右手に死球を受けたが、九回途中まで163球を投げた。

その熱投を左翼から兄の西目竜太朗が見守っていた。小学1年の時、一つ年上の兄と一緒に野球を始め、それ以来ずっと同じチーム。「高校まで一緒になるとは」と苦笑する兄に、弟は「心強い」と信頼を寄せてきた。

普段はあまり会話をしない2人だが、大会期間中は一緒に試合のビデオを見た。「左打者に投げにくいのか。気をつけろよ」。口数の少ない兄が珍しくアドバイスを送った。試合中、声をかけ合うことはなかったが「頑張れ」の思いを込めて、守備位置に向かいながら弟の尻をたたいた。

疲れが見え始めた七回に、二塁・田口友貴が負傷したことで試合が中断。試合は再開されたが「二度止まってしまった」体は動かなくなっていた。落ちてしまった球威、制球にも苦しみ、3連続適時打で4点を勝ち越された。

「いい思い出になった」。兄と一緒の高校野球はこの日が最後。2年生右腕は「新チームでは甲子園に行く」と、兄の悔しさも胸に刻み雪辱を誓った。（白川）

在校生1000人「前橋」コール

○…野球部の試合を盛り上げようと、この日は学校の計らいで夏季補習が中止になったという前橋。三塁側スタンドには在校生のほぼ全員、約千人が応援に詰め掛けた。

三塁コーチの西田真太朗主将がヘルメットをかぶったまま伝令に行く光景には「ヘルメット兄さん！」コールで鼓舞。好機にはこれまで何度もナインを救った「いけいけ前橋」コールで後押しした。

さらに、高崎との定期戦実行委員長の稲津幸翼君(3年)が音頭を取り、定期戦伝統の「必勝前橋」コールも飛び出すなど、バラエティーに富んだ応援で盛り上げた。野球部の栗原章滉君（2年）は「前橋の最高の応援を力に変えて、何とか勝ってほしい」と勝利を祈っていた。

「いけいけ前橋」コールで盛り上がる前橋応援席

上毛新聞　平成25年7月24日付

正々堂々と

―前橋高校長三年間の軌跡―

『正々堂々と』の刊行に寄せて

小笠原祐治君は、同じ時代を同じ思いで生きてきたかけがえのない同志です。

昭和五十四年四月、小笠原君と私は東京大学教育学部教育社会学研究室で出会いました。教育社会学研究室は、とかく思弁的になりがちな教育学にあって、社会調査の手法により、実証的に教育の在り方を考えていこうとする熱気にあふれたところでした。当時の指導教官は、松原治郎先生と天野郁夫先生。先輩には現在オックスフォード大学で教えている苅谷剛彦さんなど今の教育界で活躍している人がきら星のごとくおり、アットホームな雰囲気の中で、教育について色々と語り合ったものです。学生時代あまり勉強しなかった私と比べ、小笠原君は研究的な素養にあふれており、学歴社会についての鋭い洞察や、感心することが多々ありました。学生の進路先としては、大学院に進学して研究者の道を選ぶ者や、データ分析の手法を生かして一般企業へと就職していく者が多く、意外にも現場の教員を志す者はほとんどいませんでした。そうした中で、私と小笠原君は教職を志し、小笠原君は郷里である群馬県の高校教師に、私は当時住んでいた埼玉県の高校教師となりました。

卒業後はお互い年賀状のやりとりくらいで、直接会うことはありませんでしたが、やがて互いに現場の一教員という立場を離れ、行政職員としての役割を担うようになりました。そして、小笠原君が前橋高校長として勤務していた頃、私もまた軌を一にして、平成二十五年度から五年間、埼玉県立浦和高校（以下浦高）の校長を務めました。両校とも伝統ある男子校であり、その教育の在り方は進学実績も含め、全国的にも常に注目される学校でした。

本書にも触れられているとおり、私の浦高在職中、小笠原君は前橋高校の職員の皆さんと共に浦高まで視察に来てくれました。私たちは三十年ぶりに語り合いました。そこには、昔と少しも変わらない、温厚篤実な小笠原君がいました。同じような思いを持ち、同じような葛藤をしながら、より良い教育を目指して共に頑張ってきた同志と再び会えたことを、とても嬉しく思いました。そして、不思議なことに、私もまた浦高生によく『正々堂々』という言葉を語っていました。部活動の壮行会ごとに、私が『正々』とコールすると、生徒たちが『堂々』と返す。そんなやりとりを楽しんでいました。

今回、縁があって、小笠原君の前橋高校以降の足跡を現した本書に巻頭言を書かせてもらうことになりました。光栄の至りです。学生時代の小笠原君を思い浮かべ、再会した今の小笠原君を重ね合わせると、彼の生き方こそ、まさに『正々堂々と』そのものだったと思います。

現在、私は所を変え母校の私立校で校長を務めています。公私の違いはあれ未来のリーダーを育てるという使命を前に、本書を読んで気持ちが引き締まりました。小笠原君の『正々堂々と』の言葉に込められた思いが多くの教育関係者にも伝播し、その励ましになることを願ってやみません。

埼玉県立浦和高等学校前校長（私立武蔵高等学校中学校長）
杉山　剛士

はじめに

教育はどうあるべきかとたずねられれば、私は『正々堂々と』と答えます。

平成二十四年四月一日から平成二十七年三月三十一日まで三年間、私は群馬県立前橋高等学校の校長を務めさせていただきましたが、このことばは、前橋高校ホームページの「校長挨拶」をはじめ、在任中いろいろな場面で繰り返し遣いました。

前橋高校の歴史は、明治十年に初代の群馬県令楫取素彦《かとりもとひこ》が明治政府に申請して開校された「第十七番中学利根川学校」まで遡ることができます。群馬県では最も伝統のある高校、いわゆる「ナンバー1《ワン》・スクール」で、「前高（マエタカ）」の愛称で県民から親しまれています。太平洋戦争を終戦に導いた総理大臣鈴木貫太郎、日本の近代を代表する詩人萩原朔太郎をはじめ、歴史を動かした人物を多数輩出してきました。昭和五十三年春には、松本稔投手が甲子園の選抜高校野球大会ではじめて完全試合を達成し、大きな話題となりました。

初代校長の内藤耻叟《ちそう》は、水戸の弘道館で藤田東湖に学び、前橋中学校の校長を務めた後、帝国大学（現東京大学）の教授を務めています。六代目校長の沢柳政太郎《さわやなぎまさたろう》は、前橋中学校の校長を務めた後、東北帝国大学（現東北大学）の初代総長、京都帝国大学（現京都大学）の五代目総長、文部次官を務めています。ほかにも、前橋高校の校長を務めた人物は、いずれも優れた教育者ばかりで、私のような者が名を連ねるのは申し訳ないと思うとともに責任の重さを痛感していました。

本書は、前橋高校在任三年間の式辞や、寄稿、挨拶等をまとめたものです。三年目の平成二十六年度は、群馬県高等学校長協会の会長を務めさせていただきましたので、会長としての挨拶、寄稿等もあわせてまとめました。

前橋高校の生徒たちは、純粋素朴で活力にあふれ、誠実で、未来を切り拓いていく豊かな可能性に満ちていました。そのような生徒たちを教育することは、教育に携わる者の本懐であり、自分が今まで蓄えてきたものすべてをかけて教育にあたりました。

在任中には、教育再生実行会議の提言等を受けて、さまざまな教育改革が着手されました。改革は現在も継続中ですが、新教育委員会制度の導入、小学校英語の教科化、小中学校における道徳の教科化、大学入試の改革、アクティブ・ラーニングの導入、六・三・三制の見直し等、大きな改革が進行していました。

そのような時代にあって、前橋高校の校長の職にあった者が何を考え、何を述べ、何を書いたかを後世に残すことはその職責の一つと考えました。

本書は、「Ⅰ式辞」、「Ⅱ寄稿」、「Ⅲ挨拶等」、「Ⅳ高校長協会長として」、「Ⅴその後」、「Ⅵ資料」の六部で構成されています。式辞は、それぞれの式典で実際に述べたもの、寄稿は、生徒会誌等に実際に載せたものをほぼそのまま掲載しています。挨拶等については、原稿を掲載していますが、原稿を作成しても実際の場では原稿そのままではなく、その場の雰囲気等を考慮して話したので、実際に話したものと多少異なっている場合もあります。

読み返してみると、論理や言葉が未熟なところが多々ありますが、大筋においては、当時伝えたいと思ったことは述べられていると思います。そして、教育改革が進むなかで、前橋高校の校長の職にあった者が何を考え、どのような思いを込めて教育にあたったのかを、本書を読んでくださる皆様にお伝えすることはできるのではないかと思っています。

また、テーマや内容が重複している部分がたくさんあり、通読すると退屈に感じることもあると思いますが、私は自分が大切だと思っていることは、そう思っていることを理解してもらうためにいろいろな場で繰り返し述べるようにしてきました。だから、複数の機会に述べているということは、それだけそのことを重視していたことを理解していただけると考え、そのままとしました。

論理や言葉だけでなく、論旨そのものにもあやまったところやいたらないところがあるかもしれませんが、ご批判ご教示いただければ幸いです。

当初、本書は前橋高校の校長を退任した平成二十七年に公にするつもりでしたが、どのようなコンセプトにするか、どのような構成にするか、掲載するものとしないものをどう選別するか、公表することで関係者に迷惑がかからないか、どのような反響があるか、出版にかかわる手配をどうするか、等を考えているうちに時間が過ぎてしまい、三年後の定年退職を待って出版する方がよいと考えるようになりました。時間的な余裕ができるし、少し時間が経った方が新鮮さが失われる反面、冷静にまとめることができると考えました。

前橋高校の校長を務めた後は、群馬県総合教育センターの所長を一年、群馬県教育委員会事務局の教育次長を二年務め、平成三十年三月に定年退職しましたが、最後の二つの職は、前橋高校の校長であったという意識をもって務めました。そこで、センター所長、教育次長在職中の挨拶や寄稿等も、前橋高校の校長であったことの延長線上にあると考え、掲載しました。

私は、昭和五十六年四月に、群馬県立吉井高等学校に教諭として採用されて以来、定年退職まで三十七年間、高校に二十二年、教育委員会事務局に十五年務め、一貫して教育に携わらせていただきました。この間、先生方、生徒たちをはじめ、たくさんの人たちに支えられて過ごしてきました。それだけに、本書がほんのわずかでも、教育の発展に役立つことを心より願っています。

現在は、近代短歌の代表的歌人土屋文明を記念してつくられた群馬県立土屋文明記念文学館の館長を務めていますが、「前橋高校の校長」であったことが自分を励まし律していることに変わりありません。

令和二年

群馬県立前橋高等学校　元校長　小笠原祐治

目次

学校を代表して心よりお礼申し上げます　（平成二十六年度同窓会総会　平成二十六年七月十二日）
盛り上がった大会に　（平成二十四年度校内競技大会　平成二十四年七月十日）
楽しい「ひととき」　（第五十回優曇華　平成二十六年七月十二日）
協力に感謝します　（暑気払いの会　平成二十六年七月十八日）
沖縄修学旅行を復活します　（職員朝会　平成二十四年七月二十日）
学校の一体感や勢いを大切にする　（硬式野球部応援のための補習中止）
（保護者宛通知　平成二十五年七月二十二日）
○
二学期　…　153
夏の大会で高校野球が終わるわけではない　（野球部選手慰労会　平成二十六年八月三十日）
だれが選抜の作業を行っても合格者は同じになります　（職員会議　平成二十四年九月三日）
最終的な決断は本人にさせる　（平成二十六年度第三学年保護者進路講演会　平成二十六年九月六日）
勝敗を分けるのは気力だ　（第六十六回定期戦結団式　平成二十四年九月二十八日）
ノーサイド　（第六十六回定期戦閉会式　平成二十四年九月二十九日）
蜂の話をした　（第六十七回定期戦団結式　平成二十五年九月二十七日）
かけがえのない絶対的な価値　（第六十七回定期戦開会式　平成二十五年九月二十八日）

必ず逆転できる　（第六十八回定期戦団結式　平成二十六年九月二十五日）
両校生徒の健闘を讃えて　（第六十八回定期戦閉会式　平成二十六年九月二十六日）
保護者の皆様の理解があってのこと　（第六十八回定期戦両校ＰＴＡ懇親会　平成二十六年九月二十六日）
いつでも安心して甲子園に来れる　（平成二十六年度関西同窓会総会　平成二十六年十月十七日）
修学旅行にあたって　（修学旅行ノート　平成二十六年十一月）
学校保健の重要性　（平成二十六年度学校保健委員会　平成二十六年十二月二日）
一年間大変お世話になりました　（平成二十六年忘年会　平成二十六年十二月十九日）

三学期　…　175

最後まで諦めないこと　（平成二十七年度センター試験激励会　平成二十七年一月十六日）
全員で対応してください　（平成二十四年度第十二回職員会議　平成二十五年二月四日）
将来、「大物」が出ることを期待しています　（卒業祝賀会　平成二十七年三月二日）
有意義な研修になることを願っています
（Ｏｘｂｒｉｄｇｅ研修第二回保護者説明会　平成二十七年三月六日）
特別な対策は行っていません　（平成二十六年度第十三回職員会議　平成二十七年三月十八日）
一年間ともに過ごしたクラスの仲間とともに
（平成二十六年度春季校内競技大会　平成二十七年三月十九日）

Ⅳ　高校長協会長として　…　183

連携と協力　（高校長協会長就任挨拶　平成二十六年四月十一日）

年金が出なくても　（高校長協会歓送迎会　平成二十六年四月十一日）

校長を支える　（平成二十六年度群馬県高等学校全日制教頭・副校長部会総会　平成二十六年四月十七日）

ＰＴＡ連合会の影響力　（平成二十六年度群馬県高等学校ＰＴＡ連合会　平成二十六年六月六日）

日本の教育力に自信を持つ　（関東地区高等学校ＰＴＡ連合会大会群馬大会　平成二十六年七月四日）

日本の教育の長所を活かす　（日本教育新聞北関東版　平成二十六年七月二十一日）

自分の進路は自分で決める　（上毛新聞　平成二十六年七月）

決断が校長にとって一番大きな仕事　（十月定例校長会　平成二十六年十月八日）

学校は生徒のためにある

（平成二十六年度群馬県高等学校ＰＴＡ指導者研究集会　平成二十六年十一月七日）

世界が絶賛した日本人のマナー　（日本教育会群馬支部会報『ぐんま』　平成二十六年十一月一日）

地道な取材を重ねて　（平成二十六年度群馬県高校新聞コンクール講評　平成二十六年十一月）

自信をもって教育にあたる

（平成二十六年度関東地区高等学校教頭・副校長会研究協議会　平成二十六年十二月五日）

医師として活躍してもらいたい　（群馬県内高等学校医学部医学科セミナー　平成二十六年十二月十三日）

職員一人一人のモラルと質の高さ

（第三十五回公立高等学校事務職員研究発表大会　平成二十七年一月三十日）

感謝の気持ちでいっぱい　（教育者表彰祝賀会　平成二十七年二月四日）

実践している人たちの意見を大切にする

（「二一世紀ぐんま教育賞」表彰式　平成二十七年二月十二日）

「世界で最も勤勉」な日本の教員

（群馬県教育振興会報『群馬教育振興』第八七号　平成二十七年二月十日）

日本の教育を正しく評価する

（平成二十六年度群馬県高等学校長協会誌『松韻』　平成二十七年三月三十一日）

Ⅴ　その後　…　225

一　総合教育センター所長時代　…　227

新規採用教職員に期待すること　（初任者研修講話　平成二十七年四月十四日）

センター職員に期待する　（職員研修講話　平成二十七年四月三十日）

I　式辞

学校では、入学式、卒業式をはじめ、いろいろな式典が行われ、最初に校長が式辞を述べます。式辞を述べることは校長の重要な仕事です。

日々授業をしている先生方と違って、校長が生徒たちを直接教育することができる機会は限られていて、式辞を述べる時が絶好の機会です。保護者や同窓会役員など学校の関係者が出席する式典は、学校の方針を説明し、理解してもらう機会でもあります。

改めて言うまでもないことですが、入学式と卒業式は、高校三年間の教育の最初と最後に行われる、最も重要な行事であり、学校のあり方が象徴的に表れます。入学式の式辞は、学校として生徒や保護者に発する最初のメッセージであり、卒業式の式辞は最後のメッセージです。校長の発することばのなかでも最も重いものだと思います。

それだけに、時間をかけて準備しました。卒業式の式辞は、三年生が大学入試センター試験の願書を出願する十月頃から、世の中の動きに注目し、生徒たちに最も伝えたいことを決めてそれを伝えるために最適な素材を探しました。その上で、原案を作り、時間の許す限り何度も書き換えました。式後は、学校のホームページに掲載しました。式辞の内容を確認したいという生徒や保護者に便宜を図るとともに、公表することで学校の責任者として関係者の批判を仰ぐべきだと考えたからです。

式辞を述べることには、群馬県で最も伝統のある前橋高校の名を汚してはならないという大きなプレッシャーがありましたが、そのことが逆に励みにもなりました。そして、できるだけ平易なことばで自分の考えを率直に述べるように心がけました。

一　入学式式辞

努力することを楽しむ

平成二十四年度入学式（平成二十四年四月十日）

桜の花が爛漫と咲き誇る今日の佳き日に、群馬県教育委員会教育委員清水和夫先生、同窓会長曽我孝之様、ＰＴＡ会長腰高博様、母の会会長石井広美様をはじめ、大勢のご来賓の皆様並びに保護者の皆様にご出席いただき、平成二十四年度入学式がこのように盛大に挙行できますことを、前橋高校として心より感謝申し上げます。

三百二十名の新入生の皆さん、入学おめでとう。教職員、在校生一同、心から歓迎します。

また、保護者の皆様のお喜びもさぞかしと拝察いたします。大変おめでとうございます。前橋高校として、ご期待にそうべく、お子様の教育に全力を尽くしますので、ご理解とご協力をお願い申し上げます。

さて、新入生の皆さん、皆さんは今、伝統ある前橋高校の生徒になりました。本校の歴史は西南戦争が始まった、明治十年（一八七七年）の第十七番中学利根川学校創立まで遡ります。以来百三十五年の歴史を重ねてきました。卒業生は三万三千名を超え、各界で活躍する人物をあまた輩出してきました。本校は群馬県のみならず全国から注目される学校です。本校に入学できた喜びを忘れずに、また、入学を希望しながらもかなわなかった同級生がいることを忘れず、責任と自覚をもって、「前高生《まえたか》」として行動してください。

現代の日本は、東日本大震災による計り知れない被害、膨大な国の財政赤字、急速な少子高齢化など、多くの困難を抱えています。しかし、歴史を振り返れば、戦中戦後の混乱期はもちろん、いずれの時代も多くの困難があったことが分かります。そもそも、教育の使命は現実の追認ではなく、理想の追求にあります。皆さんには、社会に適応するだけでなく、課題を解決し未来を切り拓く人間になってもらいたいと思っています。

こうして皆さんの真剣なまなざしを見ていると、全員が夢や目標を持って前橋高校に入学してくれたことがわかります。今、心の中に抱いている夢や目標を大切にしてください。そして、その実現のために一歩一歩前へ進んでください。夢は諦めない限り実現の可能性があります。そして、夢や目標を達成して喜ぶのは一瞬であって、努力する時間の方が圧倒的に長いのです。だから、人生を楽しむためには努力することを楽しむという発想の転換が必要だと思います。

次に、「学ぶ」ことについてお話しします。皆さんはおそらく全員が大学進学を目標にしていると思います。大学進学のための勉強にためらわず力を入れてください。そこで得た知識は一生の財産になります。そもそも、知識がなければ考えることはできませんし、知識が少なければ考えるレベルは低くなります。私自身のことを考えても、大学受験を目標に勉強した高校時代の知識が三十年以上経った今でも、ものを考えるときの大きな基礎になっています。しかし反面、知識はそれを活用することができてはじめて本当の力になります。学んだ知識を使って、自分自身や社会について考え、判断し、表現することも心がけてください。

最後に、「高校生活を楽しむ」ことについてお話します。本校では、たくさんの運動部、文化部が活発に活動しています。さらに、長い伝統を有する高崎高校との定期戦、七月と三月に行われる校内競技大会、隔年で開催される文化祭「蛟龍祭《こうりょうさい》」をはじめ、たくさんの学校行事があります。部活動や学校行事に積極的に参加することで、高校生活の充実感をぜひ味わってください。高校時代の一瞬一瞬は、二度ともどりません。悔いのないように一日一日を過ごしてください。教育の目的は人格の完成にあります。大学に合格さえすればすべてがうまくいくほど人生は単純ではありません。気力、体力、感性、品格、愛情、友情など、学力とともに大切にすべきものがたくさんあります。このようなさまざまな資質は、授業、部活動、学校行事にバランスよく参加することではぐくまれると思います。

以上、晴れて「前高生」となられた皆さんに校長として述べておきたいこと、「夢を持って努力すること」、「学ぶこと」、「高校生活を楽しむこと」についてお話しました。

結びに、皆さんの「前高生」としての三年間が充実したものとなることを願って、式辞といたします。

「正々堂々」とした高校生活

平成二十五年度入学式（平成二十五年四月九日）

今年は桜の開花が早く、すでに盛りを過ぎましたが、かえって穏やかで落ち着いた「春の雰囲気」が漂っています。そのようななかで、たくさんのご来賓の皆様、保護者の皆様をお迎えし、平成二十五年度入学式がこのように盛大に挙行できますことを、心より感謝申し上げます。

三百二十名の新入生の皆さん、入学おめでとう。職員、在校生一同、心から歓迎します。

保護者の皆様のお喜びもさぞかしと拝察いたします。大変おめでとうございます。前橋高校として、お子様の教育に全力を尽くしますので、ご理解とご協力をよろしくお願い申し上げます。

さて、新入生の皆さん、皆さんの入学を祝福して、私が最も大切にしている「正々堂々」ということについてお話します。

「正々堂々」の語源は、『孫子』という中国の書物ですが、私自身は「公正で偽りなく、真正面から事を行う」という一般的な意味で大切にしています。具体的に言えば、現実に妥協しないで理想を追い求めること、公正さや正義感を大切にすること、小手先の策を弄しないこと、一つの価値観に偏らないこと、等です。前橋高校の校訓である、「質実剛健」「気宇雄大」にも通じるものです。

徳川家康はまだ少ない軍勢しか持たなかったころ、自分を無視して上洛しようとする武田信玄の大軍を三方ヶ原で「鶴翼の陣」を敷いて迎え撃ったと言われています。「鶴翼の陣」は鶴が翼を広げた陣形で、大軍が少ない軍勢を迎え撃つ「正々堂々」の陣形です。若き日の家康は不利を顧みず、「正々堂々」の陣形で、難敵に立ち向かい、戦いには敗れました。しかし、その気概がやがて彼に天下を取らせたのではないでしょうか。皆さんにも「鶴翼の陣」を敷いて高校生活を送ってもらいたいと私は思っています。

皆さんはおそらく全員が大学進学を希望していると思います。大学受験には真正面から立ち向かってほしいと思います。合格することも大切ですが、困難から逃げないで最後まで戦い抜くことの方が大切だと思います。そして、大学受験のための勉強で得た知識は一生の財産になります。そもそも、知識がなければ考えることはできませんし、知識が少なければ考えるレベルは低くなります。最近、「考える力」「生きる力」「表現する力」を重視する意見をよく聞きます。そのことを否定するつもりはありませんが、知識を蓄えることを軽視してはいけないと思います。ノーベル賞につながるような学問的功績をあげた、日本の科学者が受けた教育は従来の知識重視型の教育であったことを忘れてはなりません。

しかし、大学受験だけでなく、その先を見据えて自分を鍛えることも忘れないでほしいと思います。有為な人間になるには、気力、体力、感性、品格、愛情、友情など、学力とともに大切にすべきものがたくさんあります。授業、部活動、学校行事にバランスよく参加すること、いろいろなことに積極的に取り組むことで、それらの資質を伸ばしてもらいたいと思います。人間の生き方としては、偏らず、バランスが取れていることも大切です。

社会のために有用な人間になること。もちろん大切なことです。しかし、人間が生きる意味や価値はいつも社会との関連のなかで相対的に決まるのでしょうか。そうではありません。一人の人間が生きることそれ自体に絶対的な価値があります。金や銀が物と交換できるから価値があるというだけでなく、そのものとして価値を持っているのと同じです。このことは時間についても言えます。高校時代は大学に合格するため、あるいは社会人になるためだけに存在するのでしょうか。そうではありません。高校時代の一瞬一瞬にはかけがえのない絶対的な価値があります。これは人生のすべての瞬間について言えます。現在の自分そのものに「確かな重み」を感じて生きていくこと、そのことが凛とした存在感、「正々堂々」とした姿につながります。

「正々堂々」と生きるためには、自分の考えや行動を問われたときにしっかり説明できる状態にあることが必要です。そのために大切なことは、原点に帰ることだと思います。私は、学校の方針を決めるときには、学校とはなにかという原点に帰ります。学校は生徒を教育する機関という原点に帰れば、学校のあり方を自信をもって決定したり、学校の立場を力強く説明することができます。皆さんもときに「なぜ前高に進学したのか」という原点に立ち帰ってください。そうすることで、学校生活をどう過ごすべきかということが明確になり、「正々堂々」とした高校生活を送ることができると思います。

前橋高校は西南戦争が始まった、明治十年（一八七七年）に創立された、群馬県で最も伝統のある高校です。私は皆さんとともに、高校教育の王道を「正々堂々」と歩んでいきたいと思っています。

結びに、皆さんの、「前高生《まえたか》」としての三年間が充実したものとなることを願って、式辞といたします。

※　生徒会誌『坂東太郎』第一四八号（七一ページ）とほぼ同じ内容です。前橋高校の校長を一年務めた時点で考えていた私の教育理念です。

青春時代の貴重な三年間

平成二十六年度入学式（平成二十六年四月八日）

桜の花が爛漫と咲き誇る今日の佳き日に、たくさんのご来賓の皆様、保護者の皆様をお迎えし、平成二十六年度入学式をこのように盛大に挙行できますことを、心より感謝申し上げます。

三百二十名の新入生の皆さん、入学おめでとう。教職員、在校生一同、心から歓迎します。

また、保護者の皆様のお喜びもさぞかしと拝察いたします。大変おめでとうございます。前橋高校として、ご期待にそうべく、お子様の教育に全力を尽くしますので、ご理解とご協力をお願い申し上げます。

さて、新入生の皆さん、皆さんが高校入試の試練を乗り越え、この日を迎えることができたのは、もちろん皆さん自身の努力があってのことです。しかし、その陰には、親身になって支えてくれたご両親をはじめとするご家族の計り知れない援助があったことを忘れることはできないはずです。また、進学指導でお世話になった中学校の先生、学校生活の基礎を教えてくれた小学校の先生、つらく苦しい時に笑顔で励ましてくれた友人など、さまざまな人に支えられて今の自分があるはずです。感謝の気持ちを忘れず、自分を大切にして、責任と思いやりのある高校生になってほしいと思います。

最近の日本は、景気回復の兆しは若干見えていますが、膨大な国の財政赤字、急速な少子高齢化など、大きな課題を抱え、今後も多難な時代が続くことは間違いないと思います。教育の目的は、現実に適応するだけでなく、理想を追求し、実現することにあります。皆さんには、課題を解決し、未来を切り拓いていく人間に成長してもらいたいと思っています。

これから青春時代の貴重な三年間を本校で過ごす皆さんに、高校生活が充実したものとなることを願い、校長として三つお話したいと思います。

まず第一は、学ぶ姿勢を常に堅持してほしい、ということです。皆さんはおそらく全員が高校卒業後大学に進学することを希望していると思います。それだけに、高校時代はできるだけ幅広い教養をバランスよく身に付けることが大切です。大学受験に必要な教科、科目だけでなく、すべての教科、科目の授業に真剣に取り組んでください。

そして、大学進学のための勉強にはためらわず、特に力を入れてください。そこで得た知識は一生の財産になります。そもそも、知識がなければ考えることはできませんし、知識が少なければ考えるレベルは低くなります。私自身のことを考えても、大学受験を目標に勉強した高校時代の知識が三十年以上経った今でも、ものを考えるときの大きな基礎になっています。

現代の文化は、人類が気の遠くなるような長い年月をかけて作り上げてきたものです。学問はまず、そこに込められた英知を地道に学ぶことから始まります。その上ではじめて文化の発展に貢献することができます。

もちろん、知識はそれを活用することができてはじめて本当の力になります。学んだ知識を使って、自分自身や社会について考え、判断し、表現することも心がけてください。

第二は、部活動や学校行事に積極的に参加してほしい、ということです。本校では、たくさんの運動部、文化部が活発に活動しています。さらに、長い伝統を有する高崎高校との定期戦、七月と三月に行われる校内競技大会、隔年で開催される文化祭「蛟龍祭《こうりょうさい》」をはじめ、たくさんの学校行事があります。部活動や学校行事に積極的に参加することで、高校生活の充実感をぜひ味わってください。高校時代の一瞬一瞬は、二度ともどりません。悔いのないように一日一日を過ごしてください。

教育の目的は人格の完成にあります。大学に合格さえすればすべてがうまくいくほど人生は単純ではありません。気力、体力、感性、品格、愛情、友情など、学力とともに大切にすべきものがたくさんあります。このようなさまざまな資質は、授業、部活動、学校行事にバランスよく参加することではぐくまれると思います。

第三は、自分の人生について考えてほしい、ということです。大学や企業を訪問する研修旅行、大学の先生を招いての出張講義、さまざまな分野で活躍する社会人を招いての進路講演会など、皆さんが人生について考える機会をたくさん用意しています。また、今年度から希望者による海外研修も三月に実施する予定です。

前橋高校の歴史は西南戦争が起こった、明治十年（一八七七年）の第十七番中学利根川学校創立まで遡ります。以来百三十七年の歴史を重ねてきました。卒業生は三万三千名を超え、二・二六事件で反乱軍の凶弾に倒れながらも奇跡的に再起して総理大臣となり、太平洋戦争を終戦に導いた鈴木貫太郎、近代文学を代表する詩人萩原朔太郎をはじめ、各界で活躍する人物をあまた輩出してきました。皆さんにもできるだけ大きな夢を抱いてその実現に向けて努力する人生を送ってもらいたいと考えています。

以上、晴れて「前高生《まえたか》」となられた皆さんに校長として述べておきたいこと、「学ぶ姿勢を常に堅持すること」、「部活動や学校行事に積極的に参加すること」、「自分の人生について考えること」についてお話しました。

結びに、皆さんの「前高生」としての三年間が充実したものとなることを願って、式辞といたします。

※　鈴木貫太郎は前橋中学校を中退し、攻玉社を経て海軍兵学校へ進学しました。

二　卒業証書授与式式辞

余裕を持つ

平成二十四年度卒業証書授与式（平成二十五年三月一日）

赤城の山の色や校庭の木々にも春の訪れがしっかりと実感できるようになりました。そのようななかで、たくさんのご来賓の皆様、保護者の皆様をお迎えし、平成二十四年度卒業証書授与式をこのように盛大に挙行できますことを、心から感謝申し上げます。

三百十六名の卒業生の皆さん、卒業おめでとう。

皆さんが所定の課程を修了し、本校を卒業することはこの上ない喜びです。同時に多くの時間をともに過ごしてきた皆さんと別れることに寂しさも感じています。

皆さんも、前高《まえたか》での三年間があっという間に過ぎてしまったことに、寂しさを感じているかもしれません。しかし、よく考えてみると、充実した楽しい高校生活だったからこそ、「あっという間に過ぎてしまった」のだと思います。今皆さんが感じている寂しさは皆さんがすばらしい高校生活を送ってきたことの証《あかし》なのです。自信をもって新しい世界に旅立ってください。

私たち職員はこの三年間、「質実剛健」「気宇雄大」の校訓のもと、大学進学に必要な学力の養成を重視しながらも、皆さんには世の中のリーダーとして活躍できる、「大きな人間」に育ってもらいたいと思い、学校行事や部活動にも力を入れ、教育を行ってきました。高校総体や定期戦で仲間と力を合わせて正々堂々と戦う皆さんの姿を見たとき、そして、センター試験が近づいてもほとんど欠席や遅刻をしないで落ち着いて学校生活を送る皆さんの姿を見たとき、皆さんが私たちの期待に応え、人間的に大きく成長してくれたことを確信しました。そして今、こうして皆さんの姿を見て改めて「成長」を実感しています。大変うれしく思います。

現代は世界的にも国内的にも、課題の多い、多難な時代です。地球温暖化に代表される環境問題、朝鮮半島・アフリカ・中東の地域紛争、国の膨大な財政赤字、急激な少子高齢化、大震災からの復興、安定エネルギーの確保等、大きな問題が山積しています。しかし、歴史を振り返れば、戦中戦後の混乱期はもちろん、いずれの時代も多くの困難があったことが分かります。皆さんには、これらの課題を解決し、未来を切り拓いていくことを期待しています。そして皆さんにはそれだけの資質や能力があります。自信をもって世の中のために活躍してください。

最後に、皆さんに心がけてほしいことを一つだけお話したいと思います。

それは、「余裕を持つ」ということです。

とかく、「全力を尽くす」、「一生懸命やる」ということが高く評価されます。短期的にはそれでよいのでしょうが、長期的には、「余裕」のない生き方はどこかで破綻を来す恐れがあります。組織も、効率だけを追求する、余裕のない組織では長続きしません。

だから、世の中のリーダーとして期待される皆さんには、常に余力を蓄え、余裕を持っていてほしいのです。

「余裕」がなければ、視野が狭くなり、目の前のことしか見えなくなります。目の前のことしか見えなければ、判断を間違える可能性が大きくなります。

「余裕」がなければ、考え方が自己中心的になり、他人への思いやりや優しさがなくなります。思いやりや優しさのない人が世の中に受け入れられることはありません。

「余裕」がなければ、安定した力を発揮し続けることができません。安定した力を継続して発揮できなければ、未来を切り拓くような、大きな仕事はできません。

そもそも、余裕のない人生では、「生きている」実感を味わうことができないと思います。だから、皆さんには常に余裕を持っていてほしいのです。

しかし、「余裕を持つ」ということは、安易に目標のレベルを引き下げ、力の出し惜しみをすることではありません。むしろ、努力を積み重ねることで、目標達成に必要とされる以上の実力を身に付けることです。マラソンに譬えれば、10㎞走れる実力があるのに、5㎞のレースに出場して余裕をもって走ることではありません。10㎞走れる実力で満足しないで練習をさらに積み重ねて、20㎞走れるまで実力を高めた上で、10㎞のレースに出場し、余裕を持って走るということです。

卒業生の皆さんには、努力を積み重ねて、「余裕を持つ」ことで、世の中のリーダーとして充実した人生を送ってほしいと願っています。

卒業生の保護者の皆様、心からご子息のご卒業をお祝い申し上げます。また、三年間にわたり本校の教育活動に多大なご理解とご協力をいただいたことに、厚く御礼申し上げます。そして何よりも、私たち職員は皆様の可能性に満ちたすばらしいご子息を三年間預からせていただいたことを感謝しています。ありがとうございました。

いよいよ「別れの時」が来ました。

結びに、三百十六名の卒業生が末永く幸多き人生を送られることを願って式辞といたします。卒業、おめでとう。

バランスを取る

平成二十五年度卒業証書授与式（平成二十六年三月三日）

早春のあたたかい光が注ぐなか、桃の節句に当たる本日、たくさんのご来賓の皆様、保護者の皆様をお迎えし、平成二十五年度卒業証書授与式をこのように盛大に挙行できますことを、心より感謝申し上げます。

三百十五名の卒業生の皆さん、卒業おめでとう。

皆さんは所定の課程を修了し、本日前橋高校を卒業します。たいへんすばらしい高校生活を送ってきたと思います。

皆さんがすばらしい高校生活を送ってきたと思う理由のひとつは、勉学を中心とする高校生活を送ってきたことです。「自分は違う、そんなに勉強していない」という人もいるかもしれませんが、少なくとも勉強しなければいけないことを意識しつづけた三年間であったことは間違いないと思います。

前橋高校での勉強は、まず、現代の社会や科学技術の基礎となっている知識を、確実に習得し、その上で知識を活用して、高いレベルで思考力、判断力、表現力を発揮することを目指すものでした。「現代は進歩が激しいから、知識は役に立たない」。このような主張をする人もいますが、正しくないと思います。そもそも、文化は人類が気の遠くなるような長い年月をかけて作り上げてきたものです。学問はまず、そこに込められた英知を地道に学ぶことから始まります。その上ではじめて文化の発展に貢献することができます。だから、皆さんが実践してきたように、「まず知識を確実に習得する」ことこそ学問の王道なのです。大学へ進学してからもその姿勢を大切にしてください。

皆さんがすばらしい高校生活を送ってきたと思うもうひとつの理由は、学校行事や部活動に主体的に取り組んできたことです。そのなかで、一生懸命に努力することの大切さ、最後まで諦めないことの大切さ、仲間と力を合わせることの大切さなど、いろんなことを学んだと思います。そして、人間的に大きく成長したはずです。

敷島球場を埋め尽くすような大応援団。「行け行け前橋」の大声援。スタンドが揺れるほどの歓喜の万歳。活気に満ちあふれた蛟龍祭《こうりょうさい》、優曇華《うどんげ》。みんなで歌った「赤城颪《おろし》」の校歌。定期戦に勝利して肩を組んで大声で歌った凱旋歌。優勝カップを中心に満面の笑顔で撮影した記念写真。人生のすばらしさ、それぞれの瞬間がもつ「かけがえのない価値」を実感してくれたと思います。

皆さんは今、前高《まえたか》での高校生活が終わることに、寂しさを感じているかもしれません。しかし、今皆さんが感じている「寂しさ」こそ皆さんがすばらしい高校生活を送ってきたことの証《あかし》なのです。自信をもって新しい世界に旅立ってください。

さて、最近の日本は景気回復の兆しが若干見えていますが、今後も課題の多い、多難な時代が続くことは間違いないと思います。皆さんには、課題を解決し、未来を切り拓いていくことを期待します。そして、それだけの資質や能力があります。自信をもって世の中のために活躍してください。

最後に、皆さんへのはなむけとして、一つだけお話したいと思います。「バランスを取ること」の大切さについてです。

大学に進学すると、皆さんはそれぞれの学部学科に属し、専門的な学問研究を行うことになります。もちろん、自分の専門に一生懸命取り組むことは大切です。しかし、専門以外のことにも関心をもって視野を広めていってほしいと思います。

たとえば、遺伝子組換や原子力の問題を考えるとき、科学的なデータを提示したり技術を開発するのは生物学、物理学、工学などの自然科学や応用科学の問題です。しかし、人間が新しい生物を作り出すことがどこまで許されるのか、原子力発電所を稼動する危険をどこまで受け入れるのか、ということを判断するのは、どちらかというと倫理学、哲学、政治学などの人文科学や社会科学の問題です。最終的には、さまざまな学問のバランスのなかで考えていかざるを得ないのです。

自分の生き方を考える場合も、「バランスを取ること」は大切です。

たとえば、今を楽しむべきか、将来のために我慢して努力すべきかという問題です。人生は連続しているので、将来のことを考えて準備することは必要不可欠です。しかし、それぞれの瞬間自体がもっている「かけがえのない価値」も大切にしていかないと空虚な人生になってしまいます。

自分のために生きるべきか、社会のために貢献すべきかという問題です。人間は自分一人で生きているわけではありません。だから、自分のためだけでなく、人に親切にすること、そして社会に貢献することはもちろん大切です。しかし、人間が生きる意味や価値はいつも社会との関連のなかで相対的に決まるわけではありません。一人の人間が生きることそれ自体に絶対的な価値があります。金や銀が物と交換できるから価値があるというだけでなく、そのものとして価値を持っているのと同じです。

最終的には、一つを選ぶのではなく、さまざまな価値のバランスを考えていかざるを得ないのだと思います。安易な即断を避け、さまざまな視点からながめ、論理を試行錯誤し、時間をかけて考えていくことが大切です。

卒業生の皆さんには、「バランスを取ること」を大切にして、世の中を支えていくとともに、充実した人生を送ってほしいと願っています。

卒業生の保護者の皆様、ご子息のご卒業を心よりお祝い申し上げます。また、三年間にわたり本校の教育活動に多大なご理解とご協力をいただきましたことに、厚く御礼申し上げます。ありがとうございました。今後も前橋高校へご支援を賜りますようお願い申し上げます。

いよいよ「別れの時」が来ました。

結びに、三百十五名の卒業生が末永く幸多き人生を送られることを願って式辞といたします。卒業、おめでとう。

「古典」に学ぶ

平成二十六年度卒業証書授与式（平成二十七年三月二日）

赤城山（やま）の頂にはまだ雪が残っていますが、麓には霞がかかり、春の気配が感じられるようになりました。そのようななかで、たくさんのご来賓の皆様、保護者の皆様をお迎えし、平成二十六年度卒業証書授与式をこのように盛大に挙行できますことを、心より感謝申し上げます。

三百二十名の卒業生の皆さん、卒業おめでとう。

皆さんが所定の課程を修了し、本校を卒業することはこの上ない喜びです。入学間もない頃、無邪気で活発な皆さんを見て、「この学年は優れた学年になるか、大変な学年になるかのいずれかで、中間ということはないだろう」と、先生方と話したことを思い出します。そして今、こうして皆さんの姿を見て改めて「成長」を実感するとともに、「優れた学年」であったと振りかえることができることをたいへんうれしく思います。定期戦、蛟龍祭《こうりょうさい》、優曇華《うどんげ》、高校総体、高校野球。皆さんと共有した場面がなつかしく思い出されます。同時に三年間をともに過ごしてきた皆さんと別れることに寂しさを感じています。

皆さんも、卒業の喜びとともに、寂しさを感じていると思います。今皆さんが感じている寂しさは皆さんがすばらしい高校生活を送ってきたことの証《あかし》なのだと思います。自信をもって新しい世界に旅立ってください。

さて、卒業のはなむけとして、一つだけお話したいと思います。

今年は太平洋戦争の終戦から七十年を迎えています。戦争に敗れた日本はサンフランシスコ講和条約が発効するまで七年間、連合国軍に占領されました。

連合国軍の最高司令官はマッカーサーですが、そのマッカーサーが当時の総理大臣吉田茂につぎのような質問を投げかけたそうです。

自分は日露戦争を視察に来たことがある。そのときに出会った日本の将軍たちはそれぞれに風格があって立派だった。それに対して今度、三、四十年ぶりに日本に来て大ぜいの将軍たちに会って見ると、同じ人種、同じ民族だとは思えないくらい違っている。どうしてこのようなことになったのか。

総理大臣の吉田茂は、文教政策を検討するために組織された文教審議会の冒頭で、マッカーサーの質問を紹介し、委員に意見を求めたそうです。

このことについて、委員の一人で、東京大学教授、当時日本随一の哲学者、倫理学者であった和辻哲郎が次のような意見を述べています。

東郷平八郎や乃木希典のような日露戦争のころの将軍は、『論語』『孟子』のような古典を学んだ後に、西洋の軍学を学んだ。それに対し、太平洋戦争当時の将軍たちは初めから教育勅語や軍人勅諭によって育てられた。両者の風格の違いはそこから生まれたのではないか。

さらに、海軍は、日本海海戦を勝利に導いた名参謀秋山真之《さねゆき》がその経験に基づいて書いた実用的な教科書で、その後の海軍士官を養成したが、兵器の革命に応じ得る創造的な働きをすることのできる海軍士官はその教科書からは生まれなかった。

つまり、あまり要領のよい実用的な教育は、かえって思考力や創造力を育てることはできない。遠回りに見える古典の方が、思考力や創造力を育てるのに有効であると考える。

和辻哲郎は、このような意見を述べました。

これから皆さんが進学する大学では、学生が主体的に問題を発見し解決していくような学習、いわゆる「アクティブ・ラーニング」が取り入れられていると思います。たとえば、米国の大学で行われているように、実際に株式の投資・運用を行いながら、経済学を学んでいくような学習方法です。確かに、このような学習は、学ぶ意欲を高めたり、課題を解決する姿勢を身につける上では効果があると思います。

しかし、和辻哲郎が述べているとおり、そのような学習だけに終始し、人類が長い年月をかけて作り上げてきた「知の蓄積」を軽視するのであれば、真の意味での思考力や創造力を身につけることはできないと思います。

つまり、すぐに役に立つ知識だけを必要に応じて習得する拙速な学び方では、思考力や創造力を伸ばすに足る「知識の基盤」を築くことはできないと思います。経済学で言えば、アダム・スミスやケインズなどの古典的な論文、近代文学で言えば、夏目漱石や森鷗外などの古典的な作品を時間をかけてきちんと学ばなければなりません。

前橋高校での勉強は、人類が作り上げた文化、つまり、広い意味での「知識」をバランスよく学ぶことに重点が置かれていたと思います。皆さんの年代は「知識」を蓄えていくのに適した柔軟な頭脳をもっています。だから、「知識」を活用することに配慮しながらも、「知識」を蓄えていくことに重点を置きました。そして、皆さんは今おそらく、世界の同世代のなかで最も豊富な「知識」を蓄えているはずです。大学で研究をしたり、社会で仕事をしたりするとき、皆さんが蓄えた豊富な「知識」は大きなアドバンテージとなって有利に働くはずです。

大学に進学してからも、安易な実用の経験だけを積むのではなく、人類の長い歴史の中で生き残ってきた知識、すなわち広い意味の「古典」を、できるだけバランスよく学んで、いざというときに世の中のリーダーとして、思考力や創造力を十分に発揮するための基礎を築くように心がけてください。

以上、卒業のはなむけとして、「古典」に学ぶことの重要性についてお話しました。

世界に目を向ければ、「イスラム国」の問題に代表されるように、紛争やテロが頻繁に発生し、さまざまな国家同士の対立が依然としてたくさん存在します。また、エボラ出血熱や鳥インフルエンザという疾病の脅威もあります。日本国内に目を向ければ、国の膨大な財政赤字、急激な少子高齢化は、国家の存続を脅かす課題と言っても言い過ぎではないと思います。

しかし、歴史を振り返れば、いつの時代にも大きな課題がありました。皆さんには、課題を解決し、未来を切り拓いていくことを期待します。そして、それだけの資質や能力があります。自信をもって世の中のために活躍してください。

卒業生の保護者の皆様、ご子息のご卒業を心よりお祝い申し上げます。また、三年間にわたり本校の教育活動に多大なご理解とご協力をいただきましたことに、厚く御礼申し上げます。ありがとうございました。今後も前橋高校へご支援を賜りますようお願い申し上げます。

いよいよ「別れの時」が来ました。

結びに、三百二十名の卒業生が末永く幸多き人生を送られることを願って式辞といたします。

卒業、おめでとうございます。

※　マッカーサー、吉田茂、和辻哲郎のエピソードは、吉田茂『回想十年』（中公文庫）を参考にしました。「新規採用教職員に期待すること」（二二七ページ）「老兵は死なず、ただ消えゆくのみ」（二七一ページ）も同様です。

三　開校記念式典式辞

ナンバー1・スクール

平成二十四年度開校記念式典（平成二十四年十一月二十日）

晩秋の落ち着いた雰囲気のなかで、曽我同窓会長様、金井ＰＴＡ会長様、岡田母の会会長様をはじめ、たくさんのご来賓の皆様にご臨席をいただき、開校記念式典並びに記念講演会を開催できることを心より感謝申し上げます。

本校は今年で創立百三十五年になります。本校の歴史は、西南戦争があった、明治十年（一八七七年）の「第十七番中学利根川学校」創立まで遡ります。

明治三十三年（一九〇〇年）に高崎、富岡、太田の分校が独立するまで、本校は群馬県で唯一の中学校（現在の高校）だったので、「前橋」という名を入れることなく「群馬県中学校」「群馬県尋常中学校」と呼ばれていました。このような学校は各都道府県に存在し、一般に「ナンバー1《ワン》・スクール」と呼ばれています。たとえば、東京の日比谷高校、埼玉の浦和高校、栃木の宇都宮高校、茨城の水戸一高などです。皆錚々たる学校です。

開校記念に当たって、最も強く思うのは、「ナンバー1・スクール」としての誇りを大切にしたい、ということです。全国から「高校教育かくあるべし」と言われるような学校でありたいと思います。学校のいろいろな課題への対応を考えるとき、私は、その対応が高校教育の王道をゆくものかどうか、他校の手本となるものかどうか、ということを必ず考えるようにしています。前高《まえたか》の関係者は皆、そのような誇りを持っていると思います。その誇りを皆さんとともに今後も大切にしたいと思います。

次に思うのは、「質実剛健、気宇雄大」の校訓を大切にしたいということです。この校訓は第十五代校長の湯沢徳治先生が昭和十一年（一九三六年）に定めたものです。制定にあたり、湯沢校長先生は次のように述べています。「思うにこの二つは、前中《まえちゅう》六十年の歴史の精華であり、修養の結晶であって、永き伝統に培われた前中魂とも称すべきものである」。つまり、校訓となる前から、「質実剛健」（力強さ）と「気宇雄大」（スケールの大きさ）という精神は前高の伝統であったということです。

生徒の皆さんには、スケールの大きな夢を持って日々努力する力強い高校生活を送ってもらいたい。そして、日本の未来、人類の未来を切り拓いてもらいたいと思います。

当然のことですが、大学進学のための勉強にはためらわず力を入れてほしい。そこで得た知識は一生の財産になるし、目の前の大学受験に正面から立ち向かわないようでは大成しません。

しかし、大学受験だけでなく、その先を見据えて自分を鍛えることも忘れないでもらいたい。有為な人間になるには、気力、体力、感性、品格、愛情、友情など、学力とともに大切にすべきものがたくさんあります。授業、部活動、学校行事にバランスよく参加すること、いろいろなことに積極的に取り組むことで、それらの資質を伸ばしてもらいたいと思います。

前高はたくさんの優れた人物を輩出してきました。歴史上の人物なので敬称を略しますが、二・二六事件で反乱軍の凶弾に倒れながらも奇跡的に再起して総理大臣となり、太平洋戦争を終戦に導いた鈴木貫太郎。近代文学を代表する詩人萩原朔太郎。現在でもたくさんの同窓生が全国さまざまな分野で活躍されています。日本の教育のあり方に大きな影響を与える中央教育審議会会長を務めている三村明夫新日鉄会長も本校の卒業生です。

そして、本日祝辞をいただく曽我同窓会長様も群馬県商工会議所連合会会長をされている群馬を代表する経済人です。また、記念講演をいただく井野修様は日本プロ野球機構の審判長をされ、セパ両リーグの審判員を統括されています。

今日こうして開校記念式典に参加している生徒の皆さんも、さまざまな分野で日本や世界をリードして活躍するものと期待しています。

結びに、生徒、職員の皆さんとともに一日一日を大切にし、本校の充実発展に努めることを誓うとともに、同窓会をはじめ関係者の皆様に引き続きご理解とご支援を賜りますことをお願い申し上げまして式辞といたします。

「他日大学に入るの基礎を為す」

平成二十五年度開校記念式典（平成二十五年十一月七日）

秋も深まり、校庭の銀杏も色づいてきました。そのような落ち着いた雰囲気のなかで、たくさんのご来賓の皆様にご臨席をいただき、全校の生徒・職員が一同に会して、開校記念式典並びに記念講演会を開催できることを大変うれしく思います。

記念講演会の講師をお引き受けいただいた小林元《はじめ》先生には大変お世話になります。どうぞよろしくお願い申し上げます。

さて、開校記念式典に当たり、本校の歴史に思いを致し、校長として思うこと、生徒諸君に伝えたいことを一つだけ述べたいと思います。

それは、本校が設立当初から大学進学を目指す学校だったということです。

ご存じのように、本校は、西南戦争があった、明治十年（一八七七年）に、「第十七番中学利根川学校」として設立されました。「利根川学校」の設立伺は、初代の群馬県令（現在の県知事）であった楫取《かとり》素彦《もとひこ》が文部大輔《もんぶたいふ》、文部卿（文部大臣）の代理であった、田中不二麿という人物に提出しました。

楫取素彦は、山口県の萩出身、幕末の志士吉田松陰の義理の弟で、初代の群馬県令として産業や教育の分野に特に力を注ぎ、群馬県の基礎を築いた人物として高く評価されています。昨年がちょうど没後百周年だったので、記念事業がたくさん行われていました。

「利根川学校」の設立伺には、「校則」が記載されています。その骨格をなす部分として、「他日大学に入るの基礎を為す故に、挙止端正行状謹慎」（将来大学入学する基礎を身に付けるために品行方正であれ、という意味です。）という一節があります。このことから、本校が当初から大学進学を目指す学校として設立されたことがわかります。実際に、明治十七年卒業（第三回）の卒業生五名のうち一名は、帝国大学に進み、後に帝国大学教授になっています。夏目漱石とも親交があり、教科書にも載っている小説「こころ」に出てくる「K」のモデルではないかと言われている小屋保治氏です。

もちろん、当時は最終的に大学まで進学する生徒はごく少数でした。現在は、ほぼ全員の生徒が大学に進学しています。そのような違いはありますが、本校の生徒、職員が開校以来百三十六年の長きにわたり、大学進学を意識して営々と努力してきたことは間違いありません。

そのことを思うと、生徒諸君には大学進学のための勉強に力を入れてほしいと改めて思います。受験勉強で得た知識は一生の財産になります。内閣府の教育再生実行会議で大学入試制度の改革が検討されていますが、入試制度や世の中がどのように変わっても知識が基礎になることは変わりません。大学受験を目標に勉強した高校時代の知識はものを考えるときの大きな基礎になります。なぜなら、そもそも知識がなければ考えることはできないし、知識が少なければ考えるレベルは低くなるからです。

もちろん、知識はそれを活用することができてはじめて本当の力になります。学んだ知識を使って、自分自身や社会について考え、判断し、表現することも心がけてほしいと思います。

三年生はセンター試験まで二か月あまりになりました。全力で立ち向かってほしいと思います。二年生は一年二か月、一年生は二年二か月です。そのことを、前高生である以上、意識して高校生活を送ってほしいと思います。私たち職員も進学には全力を尽くします。

もちろん、生徒諸君には、勉強だけでなく、部活動や学校行事にも積極的に取り組み、人格を磨いてほしいと思いますが、大学に進学して、社会のリーダーを目指すという本校開校以来の教育目標も大切にしてほしいと思います。今日お話したかったのはこのことです。

結びに、生徒、職員とともに一日一日を大切にし、本校の充実発展に努めることを誓うとともに、同窓会をはじめ関係者の皆様に引き続きご理解とご支援を賜りますことをお願い申し上げまして式辞といたします。

※ 記念講演会の講師を務めていただいた小林元先生は、東レのイタリア現地法人アルカンタ―ラを立ち上げた経験をお持ちで、当時は大学の客員教授をされていました。

世界の舞台で活躍する

平成二十六年度開校記念式典（平成二十六年十一月十七日）

先週は、二年生が修学旅行、一年生が研修旅行に行ってきました。無事に実施できたことが何よりうれしいことですが、さまざまなことを学んだものと思います。三年生は受験に向けてまさに真剣に努力しています。来春のすばらしい成果を期待しています。そのようななかで本日、曽我同窓会長様、片桐PTA会長様、新井母の会会長様をはじめ、ご来賓の皆様にご臨席をいただき、全校の生徒・職員が一同に会して、開校記念式典並びに記念講演会を開催できることを大変うれしく思います。

本校は、明治十年（一八七七年）に、初代の群馬県令（今の県知事）楫取素彦《かとりもとひこ》の尽力により、「第十七番中学利根川学校」として設立されてから百三十七年目を迎えています。

最近、前橋の街では「花燃ゆ」という幟《のぼり》をたくさん見かけます。「花燃ゆ」は、来年一月から始まるNHKの大河ドラマの題名です。ドラマの主人公文《ふみ》は幕末の志士吉田松陰の末の妹で、文の目を通して幕末から明治に活躍した幾多の群像を描くのがドラマの主題です。そして、文の夫、つまり吉田松蔭の義理の弟が初代の群馬県令、楫取素彦です。だから、前橋は、山口県萩とともに、ドラマ「花燃ゆ」の舞台になります。

楫取素彦は、山口県萩の出身で、群馬県令としては産業や教育の分野に特に力を注ぎ、群馬県の基礎を築いた人物として高く評価されています。本校はそのような偉大な人物の尽力で開校した由緒のある学校です。関東地区の旧制中学校では最も早く設立されたようです。

本校の卒業生は三万三千名を超えます。二・二六事件で反乱軍の凶弾に倒れながらも奇跡的に再起して総理大臣となり、太平洋戦争を終戦に導いた鈴木貫太郎、近代文学を代表する詩人萩原朔太郎をはじめ、各界で活躍する人物をあまた輩出してきました。皆さんにも「気宇雄大」の校訓のとおり、できるだけ大きな夢を抱いてその実現に向けて努力する人生を送ってもらいたいと考えています。

前橋高校は、百三十七年にわたり、大勢の生徒、職員、関係者がそれぞれの時代にさまざまな努力を積み重ねて現在の姿に至っています。私たちは、勉強、部活動、学校行事の三つにバランスよく取り組むことで、人間的に成長することを高校生活の目標としています。そのような前橋高校の高校生活は、まさに伝統のなかで形づくられ、確固とした重みと内容を獲得してきました。私たちは、今後も「前高《まえたか》の伝統」を尊重し、受け継いでいかなければなりません。

一方で、時代や社会は刻刻変化していくので、漫然と前例を踏襲するだけでは学校は衰えていきます。新しいことを積極的に試してみることも必要です。来年三月にオックスフォード大学とケンブリッジ大学を訪問する海外研修を実施するのはまさにそのような試みです。今回参加するのは三十人ですが、三年間実施すれば学校全体で九十人がイギリスへの渡航経験を持つことになります。参加者には帰国後、全校集会で報告してもらうので、生徒全員がイギリスを今よりも身近に感じ、世界的な視野をもつことになると思います。高校時代には行けなくても、大学進学後に海外へ行くことを希望する生徒も増えると思います。結果として、前橋高校の生徒や卒業生がグローバルの時代に適応し、世界の舞台で活躍することを期待しています。

本日の記念講演会の講師を重原《しげはら》久美春《くみはる》先生にお願いしたいきさつをお話します。先生は本校三十二年卒業です。本校の同窓会は毎年五十ページを超える立派な同窓会誌を発行しています。その同窓会誌二〇一四年号に、私は『国際社会で活躍できる人間を育てる』という文を寄稿し、同窓生に協力をお願いしました。その文を読まれた重原先生から、「国際的な経験を前橋高校の生徒諸君に話す講演会を設けるならば協力したい」という手紙をいただきました。重原先生は、OECD（経済協力開発機構）の副事務総長を務められ、現在もパリの研究所を中心に活躍されていることも知りました。日本人、しかも前橋高校の卒業生がOECD事務局のナンバー2を務めたことに驚きました。そこで、同窓会長さんに相談したところ、「重原さんならばぜひお願いしたほうよい」というアドバイスをいただき、本日の記念講演をお願いしました。重原先生には大変ご多忙のなか、時間を割いていただきご講演いただきますので、生徒諸君はしっかり聴いて今後の人生の参考にしてもらいたいと思います。なお、先生の詳しいご紹介は講演会の前に副校長先生が行います。

結びになりますが、生徒、職員とともに一日一日を大切にし、本校の充実発展に努めることを誓うとともに、同窓会をはじめ関係者の皆様に引き続きご理解とご支援を賜りますことをお願い申し上げまして式辞といたします。

※　記念講演会の講師を務めていただいた重原久美春先生は、日本銀行の長崎支店長等を歴任された後、経済協力開発機構（ＯＥＣＤ）の副事務総長を務められ、当時はパリに拠点を置く国際経済政策研究協会の会長をされていました。また、当時、上毛新聞に毎月第一水曜日掲載の『重原久美春の経済コラム』を執筆されていらっしゃり、その中で、「国際社会で活躍できる人間を育てたい」という私の方針を取り上げていただきました。

※　前橋高校の開校記念日は、明治十三年に開校式典が行われた一月二十六日ですが、三年生の受験を考慮し、近年は秋に開校記念式典を実施しています。記念行事として、式典後講演会が行われます。講師は、同窓会が各界で活躍する同窓生を派遣してくれます。

四　始業式・終業式式辞（抜粋）

公立高校の雄

平成二十四年度一学期始業式（平成二十四年四月九日）

今年は春の訪れが例年より遅かったのですが、それでもだんだん春らしくなってきました。桜ももうすぐ満開になろうとしています。明るい気持ちで新年度のスタートを切ることができました。

私は今、「公立高校の雄」である前橋高校に勤務できることをたいへん光栄に思っています。そしてこのように、若い活力と豊かな可能性に満ちた皆さんに向かって話す機会を与えられたことをたいへんうれしく思っています。話したいことはたくさんあるような気がしますが、これからも機会はたくさんあると思うので、あまり欲張らないで三点話したいと思います。

まず、皆さんに話したいのは、「大きな夢を持ってその実現に向けて努力してほしい」ということです。人生は必ずしも思いどおりにはなりません。しかし、夢はあきらめない限り実現の可能性があります。そして、努力の原動力になります。先週、ロンドン・オリンピックの選考会を兼ねた水泳の日本選手権の様子が毎日夜八時から放送されていましたが、オリンピックの出場権を獲得し涙を流す選手、逆に獲得できずに肩を落とす選手の姿を見ていて、そのことを改めて実感しました。夢や目標を達成して喜ぶ瞬間は一瞬であって、その陰には膨大な努力の時間があります。言い方を変えれば、努力する時間こそ人生と言えるかもしれません。そう考えれば、敗れた選手も十分価値のある時間を過ごしてきたのだと言えます。そして、本当に人生を楽しむためには努力することを楽しむことが必要なのだと思います。

二つ目は、「素直さも実力」ということです。皆さんは前橋高校の生徒ですから、それなりの基礎力もあるし、思考力、判断力、表現力もあると思います。しかし、社会に出て大成するためにはまだ十分ではないと思います。自己流でも能力はある程度伸ばすことができますが、限界があります。人生の先輩である人たち、具体的には先生や親の話を謙虚に、素直に聞くことです。すべて言うとおりにしなさいということではありません。一度、素直に受けとめてから、自分のあり方を考えてほしいということです。

三つ目は、「高校時代の一瞬一瞬を大切にしてほしい」ということです。大学に入るためだけに「高校時代」があるわけではありません。高校時代はそれ自体がかけがえのない価値をもっています。学校行事や部活動を大切にして充実した高校生活を送ってほしい。そのような充実した高校生活のなかで豊かな人格が形成されると思います。大学に合格さえすればすべてがうまくいくほど人生は単純ではありません。気力、体力、感性、品格、愛情、友情など、学力とともに大切にすべきものがたくさんあることを忘れないでほしいと思います。

結びに、平成二十四年度がすべての前高生《まえたか》にとって有意義な一年となることを願って一学期始業式の式辞とします。

※　この式辞が前橋高校の校長として最初の式辞でした。赤城颪《おろし》の校歌を全校の職員、生徒とともに歌った感動を胸に、話しました。

「努力」

平成二十五年度二学期始業式（平成二十五年八月二十七日）

まだ、暑い毎日が続いていますが、今日から二学期が始まります。

例年のことですが、今年の夏休みも、学校全体としては、優曇華《うどんげ》、補習、学習合宿、部活動の大会・コンクール、合宿・遠征、定期戦の練習と、さまざまな行事、活動を実施してきましたが、厳しい気候条件にもかかわらず、大きな事件、事故もなく、多くの成果を上げ、今後につながるものをたくさん手に入れることができたと思います。

特に、高校野球。七月十三日の桐商戦の奇跡的な逆転勝利、二十日の伊商戦に勝利しての優曇華、二十三日の補習を中止しての前橋育英戦。いずれの試合も、マスコミが注目するような大応援のもと、野球部も全力で戦い、前高《まえたか》の勢いを示せたと思います。補習を中止することについては多少の迷いもありましたが、生徒諸君の気持ちを考え、盛り上がった学校の「流れ」や「勢い」を大切にしたいと考えました。

高校野球だけ特別扱いし過ぎるという人もいるかもしれませんが、高校野球は日本の文化であり、この大会を通して前高全体として、今後につながるものをたくさん手に入れたことは間違いないと思います。

それから、地味な行事ではありますが、補習と学習合宿。真剣に取り組む姿を見て、安心するとともに、必ず成果が出ると確信しました。

なかには、計画どおりに夏休みを過ごせなかったという人もいると思いますが、高いレベルの計画を立てれば五〇%くらいしか、あるいは三〇%くらいしかできなかったということはあり得ます。五〇%、あるいは三〇%もできたと考えればよいと思います。

一学期の終業式で、「夏を制する者は高校生活を制する」という話をしましたが、前高生のような夏を送っていれば、必ず高校生活を制することができると思います。

さて、二学期。まず、九月二十八日には定期戦があります。すでに、実行委員を中心に練習を積み重ねていますが、一人一人の持てる力を結集し、勝利をつかんでほしい。さらに、ホスト校として、正々堂々と対応し、立派な定期戦にしてほしい。

二学期は、全体としてはもっとも落ち着いて学校生活に取り組める期間だと思います。

しかし、「落ち着いている」ということは、単調になりやすいということでもあります。そこで、一つだけ述べておきたい。

それは、「努力と成果の関係は階段状になる。」ということ。もう少し丁寧に言うと、努力をx軸、成果をy軸としたときのグラフは概ね階段状になります。つまり、努力してもすぐには成果は現れません。しかし、我慢して努力を継続していると、一気に成果が現れます。そして、また、努力しても成果が現れない時期があり、我慢していると、一気に成果が現れます。この繰り返しです。勉強もスポーツもその本質は「努力」です。

結びに、二学期が前橋高校、すべての前高生、先生方にとって充実した学期になることを願って二学期始業式の式辞とします。

高校教育の王道を歩む

平成二十六年度一学期始業式（平成二十六年四月八日）

今年も昨年に続き、春の訪れが早く、桜はすでに盛りを過ぎました。校庭から見える赤城山は稜線がかすんでやさしい姿をしています。明るい雰囲気は年度のスタートにふさわしい。

平成二十六年度は本校開校百三十七年目。県下随一の伝統校として、皆さんとともに、正々堂々、高校教育の王道を歩みたいと思っています。

皆さんに望むことは、まず、しっかり勉強してほしいということ。授業をしっかり受けること。居眠りなどもってのほか。家庭での学習時間も確保することです。

大学受験には、真正面から立ち向かってほしい。困難から逃げないで最後まで戦い抜くことが大切だと思います。三年生はもちろん、二年生も大学受験を意識して勉強してほしい。志望校を早く決めて、早めのスタートを切ることが大切です。受験勉強で得た知識は無駄にはなりません。一生の財産になります。

昨年度の進学実績は大不振でした。

前高は一八七七年に初代群馬県令の楫取素彦《かとりもとひこ》が「大学に入るの基礎を為す」ことを目的に明治政府に設立伺を提出して創立された学校です。県下の他校の後塵を拝することは許されません。

「勉強」、「大学受験」は前中前高《まえちゅうまえたか》の原点、そして前高生の原点と心得てほしい。学校としても、今年度は「臥薪嘗胆。背水の陣」、進学実績の向上に全力を尽くします。

人間が自分の未来を切り拓くためには、努力が必要不可欠ですが、「努力」の原動力は夢や志です。大きな夢、大きな志をもってほしい。そして、その夢や志を安易に放棄しないで欲しい。

合格が難しい大学は、それだけ、そこで学ぶ価値があるから難しい、ということです。浪人しても行く価値があるということです。一例を挙げれば、東大の入学者は三六％が浪人。京大の入学者は三八％が浪人です。東大、京大の世界ランキングは英米の大学を除けば、トップクラスです。もちろん、進学する大学ですべてが決まるわけではありませんが、難関校に進学することで、人生の可能性が広がることは間違いないと思います。

皆さんには、気宇雄大であってほしい。

まず、勉強のことを話しましたが、部活動や学校行事にも積極的に取り組んでほしい。充実した高校生活を過ごすこと、その中で人間性を高めることも大切です。教育の目的は人格の完成にあります。気力、体力、感性、品格、愛情、友情など、学力とともに大切にすべきものがたくさんあります。このようなさまざまな資質は、授業、部活動、学校行事にバランスよく参加することではぐくまれます。

運動部には、五月、六月の高校総体、インターハイ予選で上位に勝ち進み、関東大会、インターハイの出場権を獲得することを期待しています。昨年度の高校総体の総合順位は四位。過去最高は二位。これからの頑張り方次第では過去最高も狙える状況にあると思います。期待しています。文化部にも、県外の展覧会やコンクールで活躍することを期待しています。

九月二十六日（金）には定期戦があります。昨年は二年ぶり勝利。八年ぶり部対抗、一般対抗完全勝利。通算成績は「二十四勝三十七敗四引き分け二中止」で十三回負け越し。今年は高高《たかたか》で開催されるアウェイのゲーム。ちなみにアウェイでの定期戦勝利は平成三年以降、二十年以上ありません。ぜひ、勝利をつかんで、通算成績の差を詰めてほしい。

最後に、皆さんにお願いがあります。今日の午後、入学式があり、三百二十名が入学します。その中に、足が不自由で、手の力もあまりなく、鉛筆で文字を書くにも大変苦労する生徒がいます。障害を乗り越えて立派に合格しました。電動車いすを使用しています。支援を必要とする場面を見かけたら、積極的に支援してやってもらいたい。

結びに、平成二十六年度が前橋高校にとってすばらしい一年となることを願って一学期始業式の式辞とします。

※　平成二十五年度の東大合格者は一名のみで、関係者の期待を裏切ってしまいました。式辞では、そのことを受けて、進学実績の向上に全力を尽くすこと、勉学だけでなく部活動、学校行事を重視する「全人教育」の伝統は変えないことを宣言しました。

良い年になることを願って

平成二十六年度三学期始業式（平成二十七年一月六日）

新年明けましておめでとうございます。二〇一五年（平成二十七年）が生徒、職員、そして前橋高校にとって良い年となることを願っています。

毎年のことですが、新年なので「干支《えと》」について話したいと思います。

今年は十干で言えば、「乙（訓で「きのと」、音で「いつ」）」です。十二支で言えば、「未（訓で「ひつじ」、音で「び」）」年です。したがって、今年の干支（「乙未」）は訓で言えば「きのとひつじ」、音で言えば「いつび」です。干支の三二番目です。「乙」は草木の芽が曲がりくねっているようすの象形であり、抵抗の強さと伸びようとする力の拮抗を表しているようです。「未」は木が枝や葉を重ねた、つまり盛んに生い茂ったようすの象形であり、先が見えない暗さを表しているようです。陰陽五行説によれば、「乙」は「陰の木」で、「陰の土」に当たる「未」との組合せである「乙未」は「相克（相争う）」の関係にあるそうです。良い意味もあれば悪い意味もあるということです。

干支は六十年で一巡するので、前回の「乙未《いつび》」の年は一九五五年、昭和三十年でした。この年は、その後の日本にとって大変重要な意味をもちます。十月に、四年間分裂していた右派社会党と左派社会党が「社会党」に統一され、十一月には民主党と自由党が「自由民主党」に統一され、一九九三年八月に細川護熙内閣が誕生するまでの三十八年間、保守の自由民主党が政権を担い、革新の社会党が野党第一党としてそれを補完する「五五年体制」が確立した年です。前橋高校にとっては、一九五二年十二月の大火災からの校舎等の復興が終了し、その落成式が一月二十六日に、復興祭が一月二十九日と三十日の両日に行われ、さらなる発展を誓いました。

さらに、六十年前の「乙未《いつび》」の年は一八九五年、明治二十八年です。前年からはじまった日清戦争の講和条約が四月に下関の春帆楼で結ばれた年です。日本は、台湾、澎湖諸島、遼東半島を割譲され、三国干渉で遼東半島は返還しましたが、この後、日露戦争を経て海外に進出していくことになります。前橋高校（当時は前橋中学）にとっては、沢柳政太郎《さわやなぎまさたろう》が二十九歳の若さで六代目の校長に就任し、学則の改正、校舎の新築、分校の設置に尽力しました。沢柳政太郎は後に、東北帝国大学（現在の東北大学）、京都帝国大学（現在の京都大学）の学長になっています。

「乙未」の年は、日本にとっても、前高《まえたか》にとっても、新しい時代に向かう画期的な年であったようです。二〇一五年も、大学入試での躍進とオックスブリッジ研修の成功で、前高にとって画期的な年にして欲しいと願っています。

オックスブリッジ研修について少し話したいと思います。今回参加するのは三十人だけです。しかし、三年間継続すれば九十人になります。また、参加者には、帰国後全校生徒、職員に体験を報告してもらう機会をもちます。前高生が毎年三十人もイギリスを訪問することにより、前高生、同窓生にとって、情報の面でも、意識の面でも、イギリスそして世界が身近なものになると思います。その効果は、前高全体に及ぶと考えています。経済的なことや部活動のために、高校時代に行けなくても、大学進学後に海外へ出かける卒業生も増えると思います。結果として、二学期に講演してくれた重原さんのように、世界的な活躍をする卒業生が増えることを期待しています。このように、オックスブリッジ研修は小さな一歩かもしれないが、大きな夢をかけたプロジェクトなのです。

二学期の終業式からはまだ二週間しか経っていませんが、年が変わると、世の中全体としては、「新春」ということばのとおり、新たな一歩が始まったような感じがします。

しかし、学校にとって、三学期は一年の総決算であり、「まとめ」の学期です。

三年生にとっては高校生活三年間の総決算です。三月二日には本校を卒業します。寂しさもあると思いますが、大きな夢と高い希望を抱いて新たな世界に旅立ってほしいと思います。そのために、まずはセンター試験、そして私大の試験、国公立大の二次試験を乗り切ってほしい。焦らず、着実に一歩一歩進むなかで、前高での三年間を「有終の美」で飾ってほしいと思います。

二年生、一年生は、弱点や欠点を補い、一年間のまとめをするなかで、次の学年で飛躍するための基礎を築いてほしい。

結びに、二〇一五年の前高生の活躍を願って、三学期始業式の式辞とします。

名門校の条件

平成二十六年度三学期終業式（平成二十七年三月二十四日）

今年も桜の開花が早いと聞いています。新学年の始業式の日にはすでに満開を迎えているだろうと思います。

年度末休業はありますが、本日をもって前高の平成二十六年度は実質的に終了します。

学校全体としては、前年度の大学入試での不振を挽回するすばらしい成果をあげて一年が終了することを大変うれしく思っています。

卒業した三年生は、浪人生の健闘と合わせて、前橋高校が群馬県のトップ校であることを示してくれました。感謝しています。

東京大学十二名（現役九名）、京都大学四名（現役四名）、国公立大学医学部医学科二十六名（現役十三名）。さらに伸ばせる可能性はありますが、立派な結果です。

進学以外でも、七年ぶり二回目の高校総体総合二位に代表される各部の活躍、沖縄修学旅行の復活、オックスブリッジ研修の実施等、前橋高校にとっては大きな成果があった一年でした。

教育ジャーナリストのおおたとしまさ氏は、その著書『名門校とは何か？人生を変える学舎の条件』のなかで、世の中を動かす人物を輩出するような名門校の条件について、進学の実績やスポーツの実績も必要条件だが、欠くことができないのは、「自由」、「反骨精神」、「ノブレス・オブリージュ」の三つであると述べています。私もそう思うので、このことについて話したいと思います。

まず、「自由」。自分で自分を律する訓練をする機会が保障されていることが必要だということです。定期戦、蛟龍祭《こうりょうさい》、優曇華《うどんげ》などの学校行事に代表されるように、前橋高校は皆さんの自主性を尊重しています。そして、皆さんは責任をもってそれに応え、各種の行事を成功させています。本校は名門校の「自由」という条件を満たしていると思います。

次に、「反骨精神」。世の中を変えるためには世の中の流れに迎合しない精神が大切だということです。三年生の秋まで定期戦にエネルギーを注ぐ。二年生の十一月に沖縄に修学旅行に行く。アメリカではなく、イギリスに海外研修に行く。スーパーサイエンスハイスクールやスーパーグローバルハイスクールの取組に見向きもしないでバランスの取れた教育を行う。知識の習得を基礎とし重視する教育を行っている。これらは、一般的な高校教育の流れに逆らっています。本校は名門校の「反骨精神」という条件を満たしていると思います。

最後に、「ノブレス・オブリージュ」。難しいことばですが、フランス語です。「ノブレス」は「高貴」という意味の名詞。「オブリージュ」は「強制する」という意味の動詞です。直訳すれば、「高貴は強制する」、言葉を補えば「高貴な地位はその人に義務を強制する」ということ。分かりやすく言えば、高い能力を有する人や恵まれた環境にある人は社会に貢献しなければならないということです。

十七日に高校入試の合格発表がありました。本校は多くの中学生が入学を希望する高校です。しかし、入学できるのは三百二十名。皆さんは総じて高い能力や良い家庭環境に恵まれた生徒だと思います。それだけに、人一倍努力して社会に貢献していくことが求められています。生徒会が中心になって実施している、震災孤児支援募金は「ノブレス・オブリージュ」に適う行為です。

本校が名門校の「ノブレス・オブリージュ」という条件に適うか否かは、皆さんの努力次第だと思います。今後の努力に期待します。

二年生の皆さん。

五月には皆さんにとって最後の高校総体、六月には蛟龍祭、九月には定期戦があります。部活動、学校行事を大切にしてほしい。新チームになってからの試合結果を見ると来年度も期待できます。高校総体総合優勝をねらってほしい。ここからが勝負どころなので、悔いのないように努力を積み重ねてほしいと思います。

しかし、勉強も合わせてしてほしい。もうすでに多くの皆さんが受験体制に入っていると思いますが、まだの人は、この春休みから受験体制に入ってほしい。蛟龍祭が終わってから受験体制に入るというのでは遅れを取ることになります。ましてや、定期戦が終わってからでは論外です。

一年生は一日一日の学習を大切にしてほしい。二学年という中間の一年を有意義に過ごすことが高校生活全体を充実させることになります。

春は別れの季節です。三年生はすでに卒業しました。先生方の中にも、年度末をもって本校を去られる先生もいます。一年間いっしょに過ごしたクラスも今日で解散します。

私もこれが皆さんの前で話す最後になります。三年間務めさせてもらいましたが、前高《まえたか》の校長であることは大きな誇りでした。この三年間に前橋高校で関わったすべての人たちに感謝しています。校長は最後に何を言っていたと聞かれたらそう伝えてください。

結びに、前高のますますの発展を願って、平成二十六年度終業式の式辞といたします。

※　おおたとしまさ『名門校とは何か?人生を変える学舎の条件』(朝日新書)を参考にした部分があります。

※　前橋高校の生徒会は県内の高校と協力して東日本大震災の発生以降毎年震災孤児支援募金を実施しています。生徒会長にいつまで続けるのかとたずねると、0歳だった子どもが十八歳になるまで十八年間続けたいと思いますという答えがかえってきて感動しました。

※　この式辞が前橋高校の校長として最後の式辞になりました。

Ⅱ 寄稿

前橋高校では伝統校の常として、学校、生徒会、ＰＴＡ、同窓会等から毎年多数の新聞、会誌等が出版され、校長は寄稿を求められます。

生徒会誌『坂東太郎』は明治以来の伝統を持ち、萩原朔太郎をはじめ錚錚たる人物が寄稿した由緒ある会誌です。ＰＴＡ新聞や同窓会誌にも、県内外の各界で指導的な立場にあって、活躍されている方々が寄稿されます。その他の新聞、会誌等もそれぞれ大切な役割を担い、後世に学校の歴史として受け継がれていくものであり、学校を代表して執筆する校長の責任はきわめて重いと考えていました。

そして、これらの紙面に寄稿することは、生徒、保護者だけでなく、同窓会員等学校関係者に校長として自分の考えを伝える絶好の機会であり、できるだけ平易なことばで率直に書くように心がけました。特に、学校の方針や教育のあり方については、明快に示すことで、理解を得るとともに、場合によっては関係者や世間の批判を仰ぐ必要があると考えていました。

他の書物から安易に引用すること、とりわけ自分のものとなっていないものを引用することは避け、つたなくとも自分自身の体験やセンスをもとに新鮮な文章を書くように心がけました。さらに、周年誌等、学校に関係する資料にできるだけ目を通し、自分が心を動かされた学校の歴史やエピソードを紹介することで、生徒や保護者に前橋高校に対していっそうの愛着をもってもらえるように心がけました。

一　生徒会誌『坂東太郎』

正々堂々

『坂東太郎』第一四八号（平成二十五年三月一日）

『坂東太郎』一四八号が刊行され、その伝統がつながることを校長として大変うれしく思います。同時に、百年を超える歴史を持ち、萩原朔太郎をはじめ幾多のすぐれた先輩が稿を寄せた生徒会誌、そして長く読み継がれるであろう生徒会誌に巻頭言を寄せることができることを光栄に思います。あまり肩肘を張らないで、生徒会誌ということを念頭に置いて率直に書きたいと思います。

題名の「正々堂々」は、私が教育において最も大切にしていることです。語源は『孫子』の軍争編にある「正正の旗を邀ふる無く、堂堂の陣を撃つ無し、此れ変を治むる者なり。」です。私自身は「公正で偽りなく、真正面から事を行う」という一般的な意味で大切にしています。教育は、若い世代に働きかけ、新しい時代を切り拓こうとする行為ですから、現実に妥協しないで理想を追い求めることが大切です。その原動力は公正さや正義感だと思います。小手先の策を弄するようなことは好ましくありません。一つの価値観に偏ることも好ましくありません。このことは前橋高校の校訓「質実剛健」「気宇雄大」にも通じると思います。

徳川家康はまだ少ない軍勢しか持たなかったころ、自分を無視して上洛しようとする武田信玄の大軍を三方ヶ原で「鶴翼の陣」を敷いて迎え撃ったと言われています。「鶴翼の陣」は鶴が翼を広げた陣形で、少ない軍勢を大軍が迎え撃つ「正々堂々」の陣形です。若き日の家康は不利を顧みず、「正々堂々」の陣形で、難敵に立ち向かい、戦いには敗れました。しかし、その気概がやがて彼に天下を取らせたのではないでしょうか。

目の前の大学受験には真正面から立ち向かってほしいと思います。合格することも大切ですが、困難から逃げないで最後まで戦い抜くことの方が大切だと思います。そして、受験勉強で得た知識は一生の財産になります。そもそも、知識がなければ考えることはできませんし、知識が少なければ考えるレベルは低くなります。最近の教育界は、「考える力」「生きる力」「発表する力」を重視する傾向にあります。そのことを否定するつもりはありませんが、知識を蓄えることを軽視してはいけないと思います。ノーベル賞につながるような学問的功績をあげた、日本の科学者が受けた教育は従来の知識重視型の教育であったことを忘れてはなりません。前高生《まえたか》にも「鶴翼の陣」を敷いて高校生活を送ってもらいたいと私は思っています。

しかし、大学受験だけでなく、その先を見据えて自分を鍛えることも忘れないでほしいと思います。有為な人間になるには、気力、体力、感性、品格、愛情、友情など、学力とともに大切にすべきものがたくさんあります。授業、部活動、学校行事にバランスよく参加すること、いろいろなことに積極的に取り組むことで、それらの資質を伸ばしてもらいたいと思います。人間の生き方としては、偏らず、バランスが取れていることも大切です。

社会のために有用な人間になること。もちろん大切なことです。しかし、人間が生きる意味や価値はいつも社会との関連のなかで相対的に決まるのでしょうか。そうではありません。一人の人間が生きることそれ自体に絶対的な価値があります。金や銀が物と交換できるから価値があるというだけでなく、そのものとして価値を持っているのと同じです。このことは時間についても言えます。高校時代は大学に合格するため、あるいは社会人になるためだけに存在するのでしょうか。そうではありません。高校時代の一瞬一瞬にはかけがえのない絶対的な価値があります。これは人生のすべての瞬間について言えます。現在の自分そのものに「確かな重み」を感じて生きていくこと、そのことが凛とした存在感、「正々堂々」とした姿につながります。

「知性」で考えると、宇宙のなかの小さな地球の上でほんのわずかな間、生きるにすぎない小さな人間の存在は意味がないということになります。だから、「確かな重み」は私たち一人一人が自分自身で実感するしかありません。そして、美しいものを見て「美しい」と感動する心、うれしいことがあった時に「うれしい」と歓喜する心、他人に世話になった時に「ありがたい」と感謝する心。このような心、つまり、「感性」を大切にすることでそのような実感が持てるようになるのだと思います。

「正々堂々」と生きるためには、自分の考えや行動を問われたときにしっかり説明できる状態にあること、つまり「アカウンタビリティ」が確保されていることが必要です。そのために大切なことは、原点に帰ることだと思います。教育委員会事務局で行政の仕事をしていたときには、法令が原点でした。法令上の根拠があれば、相手を説得することができました。学校の方針を決めるときには、学校とはなにかという原点に帰ります。学校は生徒を教育する機関という原点に帰れば、学校のあり方を自信をもって決定したり、学校の立場を力強く説明することができます。生徒の皆さんもときに「なぜ前高に進学したのか」という原点に帰ってください。そうすることで、学校生活をどう過ごすべきかということが明確になり、「正々堂々」とした高校生活を送ることができると思います。

※　『坂東太郎』は、毎年三月に発刊され、全校生徒に配付されます。校長は巻頭言を寄せます。

※　四月に行われた翌年度の入学式でも、ほぼ同じ内容の式辞を述べました。（二二一ページ）

健児の希望花と咲く

『坂東太郎』第一四九号（平成二十六年三月三日）

明治二十三年（一八九〇年）といえば、第一回帝国議会が開かれた年です。この年、前橋中学校の通学倶楽部（現在の生徒会）が『文藻』という会誌を発行しました。これが『坂東太郎』の源で、百二十四年前のことです。今年も『坂東太郎』一四九号が刊行され、前号に引き続き、巻頭言を寄せることができることを大変光栄に思います。

平成二十五年（二〇一三年）は、蛟龍祭《こうりょうさい》が六月八日（土）九日（日）の両日開催されました。開幕に合わせるように曇り空が晴れ、約六千七百名の来場者で賑わいました。「ＲＥｆｉｎｄ ｕｓ～日本よ、これが日本だ～」。グローバル化が叫ばれるなかで、あえてこのテーマを選んだ生徒諸君の感性に感心しました。来客入場ゲートの大作「雷門」もぎりぎりで開幕に間に合いました。後夜祭の盛り上がりと校歌を歌う声の大きさ、閉幕を迎え、実行委員長岡田君の見せた安堵の表情が蛟龍祭の成功を象徴していました。

夏は三十五度を超える熱い日が続きました。そのなかで行われた高校野球。本校野球部は二回戦渋川青翠（七月七日）、三回戦桐生市立商業（十三日）、四回戦伊勢崎商業（二十日）に勝ち、準々決勝に進出して二十三日前橋育英と対戦。七回表までは三対三の接戦を演じましたが、惜しくも三対九で敗れました。前橋育英はこのあと甲子園に出場し、全国優勝しました。キャプテンの西田君がマスコミのインタビューで述べているとおり、本校は野球部だけでなく、学校全体が一体となって戦いました。会場が上毛新聞敷島球場となった三回戦からはほぼ全員の生徒が駆けつけ、多数の保護者、関係者とともに「行け行け前橋」の大声援を送りました。特に、桐生市立商業戦では、九回裏「二アウト・ランナー無し」から二点差をひっくり返す「大逆転劇」を演じました。学校全体で戦う前高野球を甲子園で演じる日が遠からず訪れることを強く願っています。

第六十七回定期戦は九月二十八日(土)、秋晴れの空の下、前橋高校で開催されました。一般対抗の水泳と部対抗五競技はすでに前哨戦として行われ、十二点のリードで本戦を迎えました。昨年敗れていること、今年はホームゲームであることから、何としても勝ってほしいと願っていました。さらに、私事ですが、自分が高崎高校の出身であるだけに、高高《たかたか》を破り「恩返し」がしたいと思っていました。「前高生《まえたか》は定期戦に勝ってはじめて真の前高生になる」とある先生が檄を飛ばしましたが、とすると、私も定期戦に勝たなければ真の前高校長にはなれないのかと考えさせられました。結果は、一般対抗の陸上、駅伝、長縄跳びや部対抗の空手道をはじめ、全校生徒の活躍で、三十一点の大差を付けて勝利し、閉会式では実行委員長の稲津君に優勝カップを手渡すことができました。夏の高校野球で学校全体が一つになっていた分だけ高高を押し切れたような気がしています。

前高の一年を振り返るとき、時として「赤城颪《おろし》」の校歌が聞こえてくるような気がします。七五調の格調高い調べ、前橋の風土や生徒の心意気を表現する象徴的な一語一語。すばらしい校歌です。作詞者の平井晩村《ひらいばんそん》は前高（前中《まえちゅう》）の同窓生です。明治十七年（一八八四年）前橋の裕福な造り酒屋の子として生まれ、三十一年に本校に入学。三十四年には中途で退学して東京の学校に転学していますが、前橋中学には人一倍の愛着をもっていました。明治三十九年早稲田大学を卒業して東京の新聞社に入社し、記事を書くとともに、小説、詩、随想、紀行、俳句、短歌と、幅広い執筆活動をしていました。特に、歴史小説は多くの読者に愛読され、民謡作家としても高く評価されていました。明治四十年には幼なじみの富子と結婚し、二人の間には二男一女が生まれました。まさに、順風満帆の流行作家としての道を歩もうとしていた矢先の大正六年（一九一七年）、大きな不幸が晩村を襲いました。最愛の妻富子に三十二歳で肺結核のため先立たれたのです。三人の子を抱え途方に暮れた晩村は故郷の前橋に帰ります。裕福だった造り酒屋の実家もすでに倒産し、当時は原稿料も少額だったので、執筆の機会はたくさんありましたが、帰郷後の生活は大変苦しかったようです。生活のために徹夜で原稿を書くこともしばしばでした。

さらに、晩村自身すでに結核を患っていたようです。大正七年に、晩村が前橋中学の関係者から校歌作詞の依頼を受けたのはまさにそのような時でした。彼は依頼されていた原稿執筆をすべて中断し、一気に校歌を作詞したそうです。翌大正八年、晩村はその才能を十分に発揮することなく、三十五歳でこの世を去っています。詳しくは、晩村の二男平井芳夫氏が執筆した『平井晩村の作品と生涯』を読んでください。本校図書館の前高同窓文庫に同氏から寄贈されたものがあります。「健児の希望花と咲く不断の春の厩橋」、「男児の粋をあつめたるわれ等が前橋中学校（現在は前橋高等学校）」。不遇の晩村が母校への限りない愛着と若き力に満ちた青春時代へのこの上ない思慕を込めて、最後の力を振り絞って作ったのが前橋高校の校歌なのです。

高校時代は大学に進学する準備や社会人になる準備をする時期です。しかし、それだけでなく、高校時代の一瞬一瞬はかけがえのない絶対的な価値をもっています。だから、蛟龍祭、高校野球、定期戦に真剣になることはかけがえのないことです。そして、逆説的になりますが、そのような生き方こそが人を有為な人間に成長させるのだと思います。そのことを晩村の校歌も歌っているような気がしています。

※　前橋高校の校歌はその重厚な調べとともに歌詞が大きな感動を呼び起こします。それは、作詞者である平井晩村の母校や青春時代への強い思いが込められているからです。そのことを生徒にはぜひ知ってほしいと思い、この文章を書きました。

世界から前高を見る

『坂東太郎』第一五〇号（平成二十七年三月二日）

『坂東太郎』一五〇号が発刊されることを大変うれしく思います。前橋中学校（前橋高校の前身）で生徒による雑誌がはじめて発刊されたのは、明治二十三年の『文藻』のようですが、「一五〇」という号数は、明治二十七年七月五日に、『文藻』を改題して発刊された『学友会雑誌』一号から起算されています。そして、明治三十四年七月十八日に、三〇号の発刊を記念して『学友会雑誌』は『坂東太郎』と改題されました。

改題のいきさつとそこに込められた思いは概ね次のように述べられています。

前橋中学校の『学友会雑誌』は、中学校発刊の雑誌としては最も古く、学校の精華であるが、他の中学校も『学友会雑誌』や『校友会雑誌』という名称を使うようになってきて紛らわしいので、三〇号を記念して『坂東太郎』と改題した。

『坂東太郎』とは、上州から関東平野を勢いよく流れ下る利根川のことであり、前橋中学校はその岸辺にあって、生徒は、その激しい流れの音を聞いて「智を磨き徳を養ひ」、その清らかな流れを見て「体を錬り気を養ふ」のであり、前橋中学校の学友会誌の名としてふさわしい。（この当時の前橋中学校は紅雲町にありました。）

学友会誌に『坂東太郎』の名を使うからには、「吾人が心神をして此の川の如く清く、吾人の事業をして此の川の如く長へに、而して吾人の名をして此の川の如く天下に鳴らしめんとす」。

このような経緯を振り返るにつけても、前橋高校が「坂東太郎」の名のごとく「関東の雄」として末永く繁栄することを願うとともに、たとえ小さな石であっても繁栄の礎となるものを付け加えたいと強く思います。

平成二十六年度も部活動ではすばらしい活躍がたくさん見られました。高校総体は、サッカー部が二十二年ぶり二度目の優勝、剣道部が五年ぶり六度目の優勝、山岳部、テニス部が準優勝など、各部の活躍で、七年ぶり二度目の総合二位。公立普通高校はじめての総合優勝も手の届くところまで来ました。剣道部、テニス部、陸上部、少林寺拳法部がインターハイ出場。軟式野球部は夏季大会、秋季大会で準優勝。剣道部は秋の県選手権大会でも優勝。文化部では、将棋部、囲碁部が優勝。吹奏楽部が金賞、音楽部も銀賞。来年度のさらなる活躍が期待されます。

この一年間で、前橋高校はグローバル化に向かって大きく踏み出しました。

十一月には、普天間基地の辺野古移設が争点となった知事選で大騒ぎの沖縄に、二年生が修学旅行に行ってきました。沖縄は、広大な米軍基地、中国文化の影響、悲惨な地上戦の傷跡、青い海と亜熱帯の樹木など、日本のなかでは最も国際社会に接しています。普段とは異なる環境のなかで視野を広げ何かを考える契機になったと思います。

まもなく、三月十八日から二十五日まで、一、二年生の希望者三十名がオックスフォード大学とケンブリッジ大学を訪問する第一回オックスブリッジ研修に出かけます。八月から新しく本校のＡＬＴになったバウムンクさんが五回の事前研修を実施してくれました。教養を大切にする英国の教育に触れ、世界のトップレベルの研究者や学生と交流することで、今後の人生への意欲が高まる機会となることを期待しています。さらに、帰国後、研修成果を全校生徒に発表してもらうことで、グローバル化に取り組む機運が全校に広がることも期待しています。

「グローバル」をテーマにした講演会も開催しました。十月には野村證券グループに長年勤務し、現在は名古屋大学や北京大学などでも教えている池上浩一氏の講演会、十一月にはＯＥＣＤの副事務総長を務め、現在はパリの国際経済政策研究協会で会長を務めている重原久美春《しげはらくみはる》氏の開校記念講演会を開催しました。ともに、国際社会の今後の動向、日本の将来展望、日本人に求められる能力、学生時代に鍛えるべき能力などについて熱心に語っていただきました。

留学生も、米国からマチス・セブリン君が一年間、独逸から田村海君が三週間来てくれました。昨年度から始まった英語ディベートも同好会になって活動がいっそう活発になっています。このような様々な取組により、『気宇雄大』の校訓がグローバル化する日本の高校教育のなかでもいっそう輝きを増すことを願っています。

前橋高校での生活の基本は、勉強、部活動、学校行事にバランスよく取り組むことで、大学に進学する学力と社会で活躍できる人間性を身に付けることにあると思います。「大学に進学する学力」とは、大学入試に合格するためだけでなく、大学で学問をするために必要な基礎学力です。最近は、「考えるいこと、判断すること、表現すること」を重視する意見が目立ちますが、「知識の習得」を軽視してはいけません。大学入試改革が中央教育審議会で検討されているようですが、どのような入試になっても、知識を蓄えている者が優位に立ちます。なぜなら、「考えること、判断すること、表現すること」は、知識があってはじめて可能なのであり、知識が少なければレベルが低くなるからです。社会で活躍するために人間性が大切なことは言うまでもありません。このことは、「不易」ですが、「流行」もあります。現代においては「グローバル」だと思います。「日本から世界を見るのではなく、世界から日本を見る」ことが大切だと池上先生が語っていましたが、私たちは、「世界から前高《まえたか》を見る」ことで、前高のあり方を考えていくことも要求されているのだと思います。

二　ＰＴＡ新聞

生徒と切磋琢磨して

ＰＴＡ新聞第五八号（平成二十四年七月二十日）

本年四月に校長として着任しました。昨年度は県教育委員会の高校教育課長の職にありました。私はそもそも生徒と切磋琢磨して人生を送ることを願って教職に就きましたので、学校現場に復帰できることは大きな喜びでしたが、県内随一の伝統校である前橋高校の校長を拝命することは全く予期しておらず、驚きとともにその重責を実感し、身の引き締まる思いでした。その気持ちは今も変わりません。

私は教育に携わる者として次の四つのことを大切にしています。『理想の追求』『正々堂々』『力の結集』『信頼』です。

生徒の可能性を信じて『理想を追求』し、高い目標を掲げて教育に当たることが何よりも大切だと考えています。

また、教育においては、小手先の策を弄するようなことは好ましくありません。いつでも説明責任が果たせるよう『正々堂々』としていることが大切だと思います。

さらに、学校は大きな組織ですから、関係者の『力を結集』することが大切です。特に、先生方が力を発揮しやすい環境を整え、学校の主役である生徒の意見にも耳を傾けることが必要です。

そして、自分が『信頼』されるように行動するとともに、人を『信頼』するように努力することが大切だと思います。生徒を『信頼』することは最も大切なことと考えています。

みな当然のことばかりですが、意識して心がけることが重要だと考えています。

着任して四カ月が経過しようとしていますが、前高《まえたか》は人的にも物的にも大変恵まれていると感じています。進路実現を含め生徒の人間形成に全力を尽くします。そして何よりも、生徒たちが「朝起きたら早く学校に行きたい」と思うような『楽しい学校』でありたいと考えています。保護者の皆様のご理解とご協力をよろしくお願い申し上げます。

※ 保護者の皆さんに校長の考えを理解してもらうことは学校を円滑に運営する上で必要不可欠と考えていたので、PTA新聞では、率直に自分の学校や教育に対する考えを述べました。

二三%から八一%へ

ＰＴＡ新聞第六〇号（平成二十五年七月十九日）

ＰＴＡ新聞が六〇号を迎えたことを心よりお慶び申し上げますとともに、今まで作成にご尽力いただいた皆様に敬意を表します。第一号発刊は昭和五十八年七月。あかぎ国体が開催された年でした。当時、本校卒業生の現役大学合格率は二三%で「前高《まえたか》創立以来の悪さ」（前橋高新聞一一七号）だったようです。今年三月は八一%。この三十年間で大きく改善しました。これは生徒と職員の努力の賜物ですが、ＰＴＡ主催の土曜補習や校外模試がそれを支えています。

前高生には、人間的に大きく成長するために、勉学とともに部活動や学校行事にも積極的に取り組ませたいと考えています。いずれの教育活動もＰＴＡとの連携が大切です。そのためにまず、さまざまな機会に学校の考えや教育活動を保護者の皆様へできるだけ詳しくお伝えしていきたいと思います。どうぞ本年度もご理解とご協力をお願い申し上げます。

※　この文章は、活発なＰＴＡ活動に敬意を表して書いたものですが、軽率な内容だったと反省しています。「口は災いのもと」。年度末には、「東大合格者一名」という、前橋高校にとって前代未聞の結果が待ち受けていました。

「気宇雄大」

PTA新聞第六二号（平成二十六年七月十八日）

まず何よりも、三年生には努力を積み重ねて志望大学への合格を勝ち取ってほしいと思います。浪人している卒業生も頑張ると思います。合わせて前高《まえたか》史上に残る画期的な成果を出してくれることを強く願っています。

さて、「気宇雄大」という校訓のとおり、前高生にはスケールの大きな人生を送ってほしいと思います。そのためには、前高自体がスケールの大きな教育を行う必要があります。

すでにお話していることですが、沖縄への修学旅行を復活します。さらに、希望者を募り、来年三月にケンブリッジ大学、オックスフォード大学等を訪問する英国研修を実施する予定です。帰国後には参加生徒による全校生徒への報告会を行い研修の成果を全校に還元してもらいます。

修学旅行は、高校生活の充実感を高め、社会性、自主性、感性等、さまざまな面で人間的に大きく成長する機会を与えてくれます。同時に、沖縄は、現在の日本が置かれた厳しい国際的状況をはじめ、南北に長い日本の地理的環境、平和の大切さ等をあらためて理解させ、視野を広げてくれます。

海外研修は、難関大学への進学を目指す県内外の高校がすでにたくさん実施していますが、英国へ行くのは珍しいと思います。教養を大切にする英国の教育に触れ、世界のトップレベルの研究者や学生と交流することで、今後の人生への意欲が高まることを期待しています。

このような新たな取組が保護者の皆様のご理解とご協力をいただき、前高のいっそうの発展につながることを願っています。

感性で捉えた沖縄

ＰＴＡ新聞第六三号（平成二十六年十二月二十二日）

二年生は修学旅行を楽しんでくれただろうか。「楽しかった」と言ってもらえるなら、沖縄修学旅行は成功だったと思う。高校生活の中間点で、学校を離れて「非日常の時間」を持ったことは自分を振り返るよい機会になったはずだ。高校生活や今後の人生への意欲が高まり、高校生活の後半は大学進学への準備を本格化しようと決意してくれたなら、大成功である。

普天間基地の辺野古移設が争点の知事選で大騒ぎのときに、二年生は沖縄に行った。沖縄は現在の日本が置かれた状況を最も端的に表していると私は思う。理想と現実、貴重な勉強をしたはずだ。広大な米軍基地、立派な道路や橋、優雅なリゾートホテル、寂れた町並み、中華街に近い町の色、悲惨な地上戦の傷跡、青い海と亜熱帯の樹木、など。若いときに感性で捉えたものは一生消えることはない。今後の人生に生かしてもらえたら、沖縄修学旅行の実施を決断した者として幸いである。

※　ＰＴＡ新聞は、七月と十二月に発行され、通常、校長の寄稿は七月のみです。この年は修学旅行の復活に関する所感を広報委員の皆さんから求められたので、十二月号にも寄稿しました。

三　同窓会誌

着任にあたって

同窓会誌第五一号（平成二十四年五月）

同窓会の皆様には、日頃から物心両面にわたりご支援ご協力をいただき、たいへんありがとうございます。

四月一日付けの人事異動で群馬県教育委員会高校教育課から転任してまいりました。私は、吉井高校に五年、高崎高校に十一年、群馬県教育委員会学校人事課に十一年勤務した後、渋川女子高校長を三年間務め、昨年度は高校教育課長の職にありました。私自身、生徒と切磋琢磨して人生を送ることを願って教職に就きましたので、学校現場に復帰できることは大きな喜びでしたが、前橋高校長を拝命することは全く予期しておらず、驚きとともにその重責を実感し、身の引き締まる思いでした。赴任後は時間を見つけ、同窓会誌や周年誌を読んで「前橋高校」を理解するように努めていますが、その輝かしい歴史を知れば知るほどその気持ちは強まるばかりです。

三十年以上教育に携わって来ましたが、いろいろなことを経験するにつれ、最も大切なことは「正々堂々」というあり方と思うようになりました。純粋な心を持った子どもたちを相手にするとき、教える立場にある者が筋の通った言動、説明できる言動を心がけることは必要不可欠です。そのため、周囲の人たちとぶつかることも少なからずありましたが、ほとんどは教育に対する思いからと理解していただけたようです。前橋高校の校訓「質実剛健、気宇雄大」も相通じるものと思います。私は今後も「正々堂々」というあり方を大切にしていきたいと考えています。

先日、高校時代の友人から、「高高《たかたか》出身なのに、前高《まえたか》の校長になって複雑だろう」と言われましたが、そのようなことは全くありません。校長に限らず、教育に携わる者にとっては目の前にいる生徒のことしかありません。だから、「おれはもう前高の人間だ」と言い返しました。プロの将棋界では、師匠と対戦した弟子が全力を尽くして戦い師匠を負かすことを「恩返し」というそうですが、私の心境はそれに近いものです。

社会に目を向ければ、はかどらない東日本大震災からの復興、膨大な財政赤字、少子高齢化、企業の業績不振、格差の拡大と、難題が山積しています。しかし、このような時代だからこそ、じっくり腰を据えて「知徳体」のバランスの取れた人間を育てるように教育に当たることが大切だと考えています。

結びに、生徒、職員と力をあわせ、皆様のご期待に添えるよう努力することをお誓いするとともに、引き続いてのご支援ご協力をお願い申し上げます。

バランスの取れた教育

同窓会誌第五二号（平成二十五年五月）

同窓会員の皆様には、日頃から本校の教育にあたたかいご理解をたまわり、さまざまなご支援をいただいております。心より御礼申し上げます。

さて、最近の教育界では「特色ある学校づくり」ということがよく言われます。高校進学が九割を超えるなかで、多様な生徒に対応するために、生徒の実態を考慮して、各学校が従来の教育のあり方に工夫を加える必要があるのは当然です。しかし、前橋高校のように、大学進学を目指し学習意欲も高い生徒の集まる学校においては、従来の教育のあり方を改める場合には、かえって教育効果を損なうことがないように注意しなければなりません。

たとえば、知識よりも「考える力」や「発表する力」を重視すべきという意見がありますが、本当にそうでしょうか。そもそも、知識がなければ考えることはできませんし、知識が少なければ考えるレベルは低くなります。知識を蓄えることを簡単に軽視してはいけないと思います。ノーベル賞につながるような学問的功績をあげた、日本の科学者が受けた教育は従来の知識重視型の教育であったことを忘れてはなりません。

また、理科や英語に重点を置く教育が実践されています。「重点を置く」というと、良いことのように聞こえますが、他の教科の勉強が軽くなる欠点があることを忘れてはなりません。大学に進む生徒の場合、高校時代は「リベラルアーツ」型の教育で、広い教養を身に付けさせる方が大切ではないでしょうか。理科系の大学に進む生徒こそ、高校時代は倫理や歴史など、文科系の教科もしっかり勉強する必要があるのではないでしょうか。

例としてあげたことは結局バランスの問題ですが、「バランスの取れた教育」こそ大切なのだと思います。前高生《まえたか》には、各教科科目の勉強、部活動、学校行事にバランスよく取り組むことで、社会で活躍する基礎をしっかりと築かせたいと考えています。

国際社会で活躍できる人間を育てる

同窓会誌第五三号（平成二十六年五月）

同窓会員の皆様には、平素より学校に対しまして、ご理解ご支援をたまわり、心より感謝申し上げます。おかげ様で校長三年目を迎えました。各界から大きな期待を寄せられる前橋高校としてどうあるべきかということを再確認しながら職務に当たりたいと考えています。

国では現在、教育再生実行会議を中心に教育改革の議論が盛んに行われています。なかでも、「イノベーション」と「グローバル化」が国際社会で日本が有利な地位を占めるためには必要不可欠であることが繰り返し述べられています。改革のあり方にはいろいろな意見があると思いますが、「イノベーション」と「グローバル化」が重要であることにはだれも異論がないと思います。

昨年九月に埼玉県の浦和高校を訪問してきました。勉強だけでなく、部活動や学校行事に力を入れるなど共通点が多く、本校の教育にあらためて自信を深める良い機会になりました。うらやましく思ったのは、同校が英国のパブリックスクール「ウイットギフト校」と姉妹校提携を結び、隔年で一般生徒の交流と部活動の生徒の交流を交互に繰り返しているということです。

本校の現状を考えると、イノベーションへの対応については、大学をはじめ、さまざまな機関で活躍する研究者を学校へ招いての出前講義や講演、また、大学、研究所、企業を訪問しての研修等で、最先端のものに触れる機会を設けています。それに対して、グローバル化への対応については、昨年の第一回県英語ディベートコンテスト優勝を除けば、特筆すべきものはありません。本校がライバルと考える高校の多くは毎年三十名程度の希望者による海外研修を実施しています。三十名が海外を見てきた成果は学校全体に波及しているはずです。

そうした状況を踏まえ、本校でも昨年から海外研修を含むグローバル教育のあり方について検討を始めました。これからの時代を考えると、国際社会で活躍できる人間を育てることが「気宇雄大」の伝統を引き継ぎ、前高《まえたか》の社会的使命を果たすことであると考えています。同窓会にもご理解ご支援いただければ幸いです。

※ この文章を読んだ同窓生の重原久美春氏（元ＯＥＣＤ副事務総長）から前橋高校のグローバル教育に協力したいという手紙をいただき、開校記念講演会の講師をお願いしました。

※ 同窓会誌は、毎年五月に発刊され、校長は「校長所感」を寄稿します。

四　『前高ジャーナル』・『進学の手引』

知識は一生の財産

前高ジャーナル第三四号（平成二十四年五月十五日）

三十五年前、東大の入学式で、総長の向坊隆《むかいぼうたかし》先生（当時の機械工学の第一人者）から聞いた話です。「精密機械の設計で最も大切なのは精密さではなく、余裕です。余裕がない機械はすぐに壊れてしまいます。許容できる誤差が大きければ大きいほど優れた機械なのです。人間も同じです。だから、大学の四年間、専門の勉強だけでなく、サークル活動、読書、旅行など、いろいろなことを体験し、スケールの大きな余裕のある人間になってください。」

入学式には、一年間浪人させてもらったお礼の意味もあって、両親にも来てもらいました。結果的には、向坊総長の話を両親に聞いてもらったことは大変好都合で、私は伸び伸びと大学生活を楽しむことができました。

しかし、やがて教員になり「余裕がない」と感じる毎日を送るようになって重要なことに気づきました。向坊先生がおっしゃった「余裕」は与えられたものではなく、機械の設計者が自ら作り出したものであるということです。

高校生活も同じです。勉強が忙しくても、部活動や学校行事に取り組む時間や読書の時間は作れるはずです。逆に、部活動で忙しくても勉強する時間や読書の時間は作れるはずです。

「麻布、開成、灘」は中高一貫校で大学入試対策の授業ばかりしているので、受験には強いが、人間形成はどうかということを主張する人がいます。全く違います。これらの学校は受験対策の授業なんかしていません。部活動や学校行事も盛んです。

では、これらの学校の生徒が受験を勝ち抜いていく原動力は何か。「自信」と「自学自習」だと思います。つまり、周りに合格した先輩がたくさんいるから自分だって合格できるという「自信」、こういう勉強をすれば大丈夫という「自信」、自分をコントロールして自主的に勉強する「自学自習」です。

今年も前橋高校から、東大、京大、国立大医学部等の難関に多数が進学しました。「自信」を持ってください。努力すれば前高生《まえたか》が行けない大学なんて存在しません。東大だって二十人以上合格できます。どういう勉強をすればよいか、自信のない人は先生に尋ねてください。前高の先生は教えてくれるはずです。

「自学自習」について、二つアドバイスします。まず、授業の予習、復習をしてください。特に、予習に時間をかけることです。自力で理解しようとすることで実力がつきます。次に、興味のある大学の「赤本」か「青本」を買ってください。どんな問題が出題されるかを知って勉強することです。

結びになりますが、大学入試の勉強には真剣に取り組んでください。そこで得た知識は一生の財産になります。知識があることで人生の「余裕」も生まれます。私自身も、大学入試を目標に勉強した高校時代の知識が三十年以上経った今でも、ものを考えるときの基礎になっています。

※『前高ジャーナル』は五月発行で、前年度の進学実績の概要が掲載されます。『進学の手引』は六月発行で、進学実績の分析、大学合格者の合格体験記等が掲載されます。ともに校長が巻頭言を寄せます。

納得がいくまで努力する

平成二十四年度進学の手引（平成二十四年六月）

私のように五十歳を越えた人間と比べれば、生徒の皆さんははるかに大きな可能性に満ちています。勉強が大変だ、受験が心配だと思っている人も多いと思いますが、発想を換えれば、勉強することや努力することによってさまざまな人生を切り拓く可能性を持っているということです。

まず、自分の人生をどう生きるか、考えることです。簡単に答えは出ないと思いますが、考えられるところまで考えてみることです。高校時代は人生の大きな岐路です。文科系へ進むのか、理科系へ進むのか、さらに、具体的にどの学部に進むのか、いろいろな選択肢があります。やり直すことが全くできないというわけではありませんが、高校時代が人生全体を大きく左右することは間違いないことです。私も高校生の頃にはすでに学者か教員になろうと漠然と考えていたと思います。最終的には、目の前の生徒たちに自分の思いを伝えることで、自分が生きる時間や空間を超えて未来や世界に働きかけることができると考え、教員の仕事を選びました。

次に、自分の進路は自分で決めることです。どの道を選ぼうとも、人生は良いことばかりではありません。必ず苦しいことやつらいことがあります。そのとき、その苦しさやつらさに耐えて努力を継続するためには、その道が自ら選んだものであることが必要だからです。もちろん、親身になって皆さんのことを考えてくれるご家族やたくさんの経験を持つ先生方のアドバイスには十分耳を傾けるべきです。しかし、最終的な決断はあくまで自らの意志で行うことです。

さらに、人生は必ずしも思い通りになりません。志望する大学は一つにしぼらないで、いくつかの候補を考えることです。第一志望の大学にだれもが入学できるわけではありませんし、後から振り返ると第二志望あるいは第三志望の大学に入学したことがかえってよかったということもあります。そもそも特定の大学に進学しなければならない理由なんてほとんどないと思います。

しかし、大切なことがあります。自分が決めた目標に向かって納得のいくまで努力することです。私は一年間浪人させてもらい、千葉県にある予備校の寮で勉強しました。たぶん、私の人生のなかでは最も勉強したと思います。第一志望の大学に結果的には合格できたのですが、入学試験は思うようにできませんでした。そのとき、不合格ならば第二志望の大学に進学しようという気持ちになりました。一生懸命やった結果だから合格させてくれた大学に入学して頑張ろうと素直に考えることができました。

「進学の手引」の中には、卒業生の合格体験記、進学先を検討するための資料など、前高生《まえたかせい》が自らの進路を考えるときに、最も参考となる情報が掲載されています。全体をざっと読んで、その上で、いろいろな場面で必要に応じて、じっくり読んで活用してください。進路決定や勉強方法のヒントが必ず得られるはずです。

大学生活を始めてまだ間がない多忙な時に、後輩のために大変参考になる率直な合格体験記を寄稿してくれた卒業生の皆さんに心より感謝します。また、資料の集約や全体の編集に当たってくれた進路指導部の先生方にも感謝します。

結びに、すべての前高生が、この「進学の手引」を有効に活用して志望大学を決定し、合格に向けて日々着実に努力することを願っています。

「努力」を積み重ねて

前高ジャーナル第三五号（平成二十五年五月十五日）

どうして自分は今、前橋高校の校長をしているのだろうと考えると、自分を超えた大きな力、「天命」のようなものを感じます。

よく言われるように、数え切れない先祖のうちの一人が別の異性を愛していたら、今の自分はこの世に存在しません。

自分自身の人生を振り返っても、あの時ほんの少し条件が異なっていたら、ほんの少し別の考え方をしていたら、全く違う人生になっていたという転機がたくさんありました。

三十六年前の東大入試。一年浪人し、模擬試験で常に確実圏にいたのに、実際の試験では失敗し、不合格も覚悟していましたが、合格できました。おそらく、合格最低点ぎりぎりだったと思います。

不合格の場合は、すでに入学金を払い込んであった早大の政経学部に入学するつもりでした。そうなったら全く違う人生になっていたはずです。

私が学んだ大学は最初の二年間、教養学部で過ごすため、専門の勉強は三年まで始まりません。それどころか、三年になって進級する学部・学科は希望者が多いと教養学部二年間の成績で振り分けることになっていました。私は「教育社会学」を専攻しましたが、高校時代はそのような学問があること自体知りませんでした。

教育社会学は教育を社会事象として捉え、社会学の手法を使って分析していく学問です。学校が社会の中で役割を果たすためにはどうあるべきか。教員の集団や生徒の集団が有効に機能するためにはどのような組織であるべきか。いずれも校長にとって重要な問題ですが、教育社会学で学んだことがいろいろな示唆を与えてくれます。

もちろん、私は校長になろうとか、なれるとか思って教員になったわけではありません。それどころか、教育学部への進学を決めたときも教員志望すら固まっていませんでした。

大学で教育社会学を勉強したこと、教員になったことだけを考えてもいろいろなことが複雑に絡み合っています。ましてや、こうして前橋高校の校長をしていることはまさに奇跡です。

一方で、自分の人生は、すべて他から与えられたわけではなく、それぞれの場面で真剣に悩み、考え、努力してきた結果であるとも思っています。

人生を自分の手元に引き寄せるためには、広く世界に目を向け、自分を見つめて夢や希望をもつことが大切です。夢や希望は努力の原動力になるからです。

才能や運は自分の力ではどうにもなりませんが、努力は自分の意志次第です。だから、夢や希望をもって人間に残された唯一の手段である「努力」を積み重ねていくことこそ人生そのものなのだと思います。

結びになりますが、すべての前高生《まえたか》が、毎日の学習、部活動、学校行事に誠実に取り組み、「努力」を基盤とした高校生活を送ることで、自分を高め、それぞれの人生を切り拓いていくことを願っています。

※　私が学んだ東京大学教育学部は、教員養成を目的とした学部ではなく、学校教育に限らず広く教育そのものを研究する学部であるため、教員になる卒業生はそれほど多くありません。

入試は入学する権利をかけた真剣勝負

平成二十五年度進学の手引（平成二十五年六月）

入試は入学する権利をかけた真剣勝負です。合格と不合格とではその後の人生が変わります。もちろん、不合格になって第二志望の大学に行ったことがかえって良かったということはあります。そして、たった一点で合否が分かれます。しかし、合否を運と考えてはいけません。総じて合格すべき者は合格しているような気がします。

合否がはっきり分かれる入試では、どんなに実力があっても精神的には相当の重圧がかかります。だから、模擬試験どおりにはいきません。重圧に圧倒され、模擬試験で確実圏だったのに不合格になる人もいるし、重圧をバネに、普段以上の力を発揮して「奇跡」を起こす人もいます。つまり、「人間力」も入試の結果を大きく左右します。このようなことは入試に限らず、人生のいろいろな場面で起こります。だから、高校生活においては、授業、部活動、学校行事にバランスよく参加すること、いろいろなことに積極的に取り組むことで、精神的な力強さや柔軟さを身に付けてもらいたいと考えています。

前橋高校は、補習、添削、学習合宿、模擬試験など、何年間も試行錯誤を重ね改善してきた独自の進学指導を実施しています。授業、部活動、学校行事のほかに、これらの指導を受ける生徒も大変だと思いますが、指導する先生方も大変です。しかし、このような取組こそが、「前高《まえたか》の前高たる所以《ゆえん》」であり、前橋高校が着実な進学実績を上げてきた原動力です。

「東大十、京大七、国公立大医学部三十五、国公立大二百三十一、慶応三十九、早稲田四十五」。

校長として本校の平成二十五年度大学入試結果を語るときに使っている数値です。「満足」はしていませんが、高く評価しています。「満足」しないのは、「これでよし」と思ったら伸びが止まるからです。前高はまだ伸びしろが十分にあります。

この数値は現浪合計の合格者数です。現浪合計数を使うのは、現役だけよりも学校の総合力を的確に表すと考えるからです。たとえば、「東大、京大、国公立大医学部の合計数五十二」は、浪人するかもしれないが、本校では一学年三百二十人のうち、五十人程度はこれらの大学に進学できることを表しています。

校外の模擬試験を受験すると、全国偏差値や合否判定が返ってきます。謙虚に受けとめる必要はありますが、志望大学の決定等はさらにいろいろなことを考慮して決めるべきです。そのひとつが「進学の手引」のデータです。ほとんどの前高生の場合、私立中高一貫校の生徒や浪人生と比べれば、受験競争のなかでは後方から追い上げていく展開になります。だから、校内模試の順位や評定平均の方が今後の推移を見極める判断材料になります。

「進学の手引」の中には、卒業生の合格体験記、進学先を検討するための資料など、前高生が自らの進路を考えるときに、最も参考となる情報が掲載されています。全体をざっと読んで、その上で、いろいろな場面で必要に応じて、じっくり読んで活用してください。進路決定や勉強方法のヒントが必ず得られるはずです。

大学生活を始めてまだ間がない多忙な時に、後輩のために大変参考になる率直な合格体験記を寄稿してくれた卒業生の皆さんに心より感謝します。また、資料の集約や全体の編集に当たってくれた進路指導部の先生方にも感謝します。

結びに、すべての前高生が、この「進学の手引」を有効に活用して志望大学を決定し、合格に向けて日々着実に努力することを願っています。

前高の真価が問われる

前高ジャーナル第三十六号（平成二十六年五月十五日）

今年の大学入試で、前高《まえたか》の東大合格者は一名だけでした。このことについて校長としてどう考えているか書きたいと思います。

教育の目的は教育基本法に定められているとおり、「人格の完成」です。卒業式で述べたように、今年の卒業生も前高三年間の教育で、社会の課題を解決し未来を切り拓いていくことのできるたくましい人間に成長したと確信しています。

現在の前高は長い伝統のなかでたくさんの教職員と生徒が作り上げてきた優れた教育の「システム」を備えています。部活動や学校行事は前高生のアイデンティティにかかわります。授業、補習、学習合宿、添削等、前高独自の学習方法も微調整は必要かもしれませんが、有効だと思います。

とかく、何か一つ問題が生じると、短絡的にすべてが悪いように考え、全体としては優れているシステムを壊してしまうことがあります。私はそのようなことのないように気をつけたいと強く思っています。

今回の事態も大きな夢や志を持つように視野を広げる機会を増やすこと、大学入試への始動を早めること等で十分対応できると考えています。

英国の雑誌『タイムズ・ハイヤー・エデュケーション』が最近発表した大学の国際ランキング（世界の大学関係者に行ったアンケートをもとに順位付けしたもの）によれば、東大は十一位で、英米以外の大学ではトップです。私自身の母校でもあるので、一人でも多くの前高生を東大に進学させたいと思っています。

しかし、東大の合格者数だけで入試結果を分析すべきではありません。東大に合格できる力があっても、国公立大医学部医学科に進学する生徒もいるし、それ以外の大学に進学する生徒もいるからです。

ちなみに、今年の国公立大医学部医学科の合格者数は二十四名で、昨年の三十五名からは減少しましたが、関東地方の公立高校では引き続き前高がトップです。

そもそも、進学指導の評価は生徒一人一人が希望する大学に進学できたか否かで判断すべきものですが、学校の教育力を高めるためには、難関の大学に合格する生徒を増やすことによって、全体の学力を引き上げていくことは重要です。現浪合わせて、五十人程度は東大、京大、国公立大医学部医学科のいずれかに進学できる学校でありたいと考えています。

平成二十六年度の東大合格者に占める浪人の割合は、一浪が三二・七％、二浪以上が三・四％です。前高の浪人合格はありませんでした。難関の大学は現役で合格できるとは限りません。家庭状況が許すならば浪人しても第一志望を譲らないという選択も大きな夢や志を実現する人生を送るためには必要だと思います。

苦境に立ったときこそ、人や組織は真価を問われます。今年は前高にとって『反転攻勢』の年と思っています。勉強でもスポーツでも「さすが前高」と言われる成果を出せるように学校全体で力を合わせて頑張りたいと思っています。

※「東大合格者一名」の衝撃は大きく、同窓会からも心配する声がたくさん聞こえてきました。そこで、校長の方針を明確に示すことが最も大切であると考え、この文章のコピーを役員会で配付して前橋高校が長い年月をかけて作り上げてきた「システム」を変えるつもりがないことを伝えました。

「気宇雄大」

平成二十六年度進学の手引（平成二十六年六月）

「気宇雄大」の校訓のとおり、前高生《まえたか》には、自分の可能性を信じ、大きな夢や志を抱いて努力を積み重ねる人生を歩んでほしいと思っています。夢や志を育てるためには視野を広げることが必要不可欠です。学校が実施する研修旅行、社会人講演会、模擬講義などに積極的に参加するとともに、日々の授業や読書を大切にしてください。

進路を決めるに当たって大切なことがいくつかあります。

まず、自分の進路は自分で決めることです。どの道を選ぼうとも、人生は良いことばかりではありません。必ず苦しいことやつらいことがあります。そのとき、その苦しさやつらさに耐えて生きていくためには、その道が自ら選んだものであることが必要だからです。もちろん、家族や先生のアドバイスには十分耳を傾けるべきです。しかし、最終的な決断はあくまで自らの意志で行うことです。

次に、夢や志を途中で安易に放棄しないということです。大きな夢や志ほどたやすく実現できるはずがありません。十分な努力もしないで諦めるのは論外です。納得のいくまで努力してみることが大切です。大学進学で言えば、十分な勉強もしないで、成績が足りないからといって志望を下げるようなことはしないことです。部活動や学校行事で忙しいのはわかりますが、勉強を怠ってそれらに取り組んでいるとしたら、真の意味で、「前高の部活動」、「前高の学校行事」に参加したことにはならないと思います。

そして、仮に高校三年間では納得するだけの勉強ができなかったという場合には、親に頼んで浪人させてもらい、自分が納得するまで勉強して第一志望にこだわるという生き方もあると思います。たとえば、東大の合格者は約三六％が浪人です。

一方で、十分な努力をした結果であるならば、別の選択をする柔軟さも大切です。人生は必ずしも思いどおりになりません。第一志望の大学にだれもが入学できるわけではありませんし、後から振り返ると第二志望あるいは第三志望の大学に入学したことがかえってよかったということもあります。そもそも特定の大学に進学しなければならない理由なんてほとんどないと思います。たとえば、東京大学の大学院生のほぼ半数は他の大学の学部から進学しています。

さて、ほとんどの前高生の場合、私立中高一貫校の生徒や浪人生と比べれば、受験競争のなかでは後方から追い上げていくことになります。それだけに早めに志望校を決めて、それぞれの大学の入試問題の特徴を知った上で、先生方や先輩のアドバイスを踏まえて効率よく勉強することが大切です。

「進学の手引」の中には、卒業生の合格体験記、進学先を検討するための資料など、前高生が自らの進路を考えるときに、最も参考となる情報が掲載されています。全体をざっと読んで、その上で、いろいろな場面で必要に応じて、じっくり読んで活用してください。進路決定や勉強方法のヒントが必ず得られるはずです。

大学生活を始めてまだ間がない多忙な時に、後輩のために大変参考になる率直な合格体験記を寄稿してくれた卒業生の皆さんに心より感謝します。また、資料の集約や全体の編集に当たってくれた進路指導部の先生方にも感謝します。

結びに、すべての前高生が、この「進学の手引」を有効に活用して志望大学を決定し、合格に向けて日々着実に努力することを願っています。

五　その他

おもしろい本を読む

図書館通報『朔太郎』（平成二十四年五月十四日）

『朔太郎』という名の図書館通報が受け継がれていることに前高《まえたか》の重みを実感します。

まず、皆さんにおことわりしておきたいことがあります。私は文章を書いたり、話をするときは、できるだけ自分のことばを使うように心がけています。身近にある平易な表現のなかにこそ、魅力のあることばが隠されていると考えているからです。私の話や文章にもの足りなさを感じる前高生もいると思いますが、個性として許してもらえれば幸いです。

当然ですが、高校生にはできるだけ読書をしてほしいと考えています。勉強や部活動が忙しくても読書の時間は作れます。学生に比べれば、社会人の方が圧倒的に忙しいのですが、それでも読書の時間を生み出すことはできます。私も教員になってから一週間に一冊以上のペースで読んでいます。最近読んだ本を挙げます。大竹文雄『競争と公平感』、竹内洋『教養主義の没落』、松井孝明『我関わる、ゆえに我あり』。みな読みやすい本です。

私も大学に入学するまでは教科書や参考書以外ほとんど本を読みませんでした。高校時代に読書をしていれば大学生活はいろいろな点で違ったものになったと後悔しています。もう少し人間や社会、自然について考える姿勢が身についていたら、大学の先生の講義からもっと多くのことを学ぶことができたと思います。大学生活全体がもっと充実したものになっていたとも思います。

それでは、どうしたら本を好きになれるか。簡単です。おもしろい本を読むことです。国語の先生には申し訳ありませんが、夏目漱石、森鷗外、芥川龍之介、志賀直哉、小林秀雄、丸山眞男などは教科書で読むからとりあえず敬遠します。そこで、読書が苦手な生徒にも読んでもらえる可能性のある本を挙げます。宮本輝『青が散る』、佐々木譲『エトロフ発緊急電』、横山秀夫『クライミング・ハイ』、春江一也『プラハの春』、木村元彦『オシムの言葉』、米長邦雄『人間における勝負の研究』。おもしろいことは保証しますが、内容の説明はしません。図書館で借りて数ページだけでも読んでみてください。そのまま最後まで読んでもいいし、途中で読むのを中断しても結構です。そもそも読みはじめたら最後まで読まなければならないという強迫観念は捨てた方がよいと思います。無理をしないで読みかけにしておくと、何かのきっかけで続きを読みたくなるものです。

読書の習慣が身についたら、いろいろな分野の本をたくさん読んだ方がよいと思いますが、残念ながら人が一生に読むことのできる本の量には限界があります。だから、私は著者の経歴等を参考にしてそれぞれの分野の第一人者と思われる人物が書いた本を読むようにしています。書店には本がたくさん並んでいますが、なかにはその分野について論じる資格がないような人物が書いた本も少なからずあるし、原稿料を手に入れるためだけに書かれた手抜きの本もあるので、注意してください。

結びに、皆さんにぜひ読んでもらいた本を挙げます。福沢諭吉の『文明論之概略』と『福翁自伝』です。私は明治の日本人は日本のために他の時代に比べ何倍も仕事をしたと考えています。なかでも最も大きな役割を果たしたのが福沢諭吉ではないかと思います。皆さんの人生の参考にしてもらいたいと思います。

※ 図書館通報の『朔太郎』という名称は、明治三十九年に前橋中学校（現前橋高校）を卒業した詩人萩原朔太郎によります。『朔太郎』は、年に数回発行され、主に新任教職員の読書に関する寄稿が掲載されます。

本とともに

『適書１５０選』（平成二十五年三月三十一日）

私が学んだ大学は最初の二年間を教養学部で過ごすため、専門の勉強は三年まで始まりません。それどころか、「進振（しんふり）」という制度があって、三年になって進級する学部・学科は希望者が多いと教養学部二年間の成績で振り分けることになっていました。だから、入学後しばらくは、大学で何を専門にするのか見込みも立たず、新しく勉強する第二外国語のフランス語以外は勉強らしいことはしませんでした。残念ながら私が学んだ高校には前橋高校の『適書１５０選』のようなものはなく、ほとんど読書の経験もなかったので、教養学部の講義を主体的に受け入れるだけの素養が欠けていたのだと思います。いずれにしても、今にして思うと、そのような大学のシステムは、「いくら何でも二年間強制しなければ、学生もさすがに自主的に何かを勉強し始めるだろう」という大学の先生方の深謀遠慮だったのではないかと思います。

ともあれ、サークルの仲間と過ごす以外に時間をつぶす方法がなかったので、仕方なく本を読み始めました。時間を見つけてやっと本を読んでいる今から考えれば贅沢な話です。最初に集中して読んだのは川端康成でした。『伊豆の踊子』や『雪国』を読んでいたし、修学旅行後に京都にあこがれ『古都』を読んで大変感動したことがあったのがきっかけでした。文庫本で読める川端康成の作品は二か月くらいですべて読んだと思います。その後、大学入試の文学史の勉強で作品名だけは覚えていたさまざまな作家の作品を一気に読みました。二日で三冊くらいのペースで、教養学部二年間でほとんど読んだと思います。

同時に、歴史小説や伝記も読みました。どう生きるか、自分なりに考えようとしていたのだと思います。日米開戦に反対した海軍の三人の将軍を描いた阿川弘之の『米内光政』『山本五十六』『井上成美』、特に、開戦が決まると連合艦隊司令長官として真珠湾攻撃を決行し、最期はソロモンの空で米軍機に撃墜されて戦死した山本五十六の人生は強く印象に残りました。

大学三年になって、結局教育学部の教育学科教育社会学コースに進みました。熱心な学生ではなかったですが、それなりに専門書は読みました。卒業論文も一応書きました。教員になってからも、高校の教員として直接役立つわけではありませんが、「教育社会学」には常に注意を傾けて関連する本を読んできました。そして、教育界が「ゆとり教育」に舵を切ろうとしたとき、東大の苅谷剛彦教授（大学の二年先輩、現オックスフォード大教授）がいち早く『教育改革の幻想』で異を唱えたのを読んでこの上ないなつかしさと実際に教育に携わる者としての責任を痛感しました。

教員になってからは一週間に一冊くらいのペースで本を読んできたと思いますが、人間が一生のうちに読める本には限界があります。本を読むのが遅いのではないかと悩み、速読を試みたこともありましたが、身につきませんでした。今では、きちんと読まないと気が済まないからこそ国語の教員になったのだと開き直っています。反面、読んでいる本をあまり気にせず途中で読みかけにすることはできます。

つまらないと思ったら読むのをすぐにやめてしまいます。さらに、常に複数の本を同時に読んでいます。いつも十冊くらいは同時に読んでいます。ある本を読みたくなると、今読んでいる本を読み終わるまで待てないからです。

本を読むことは可能性を広げることだと思います。人間はものを考え新しい世界を切り拓くことができますが、それには考える素地となるものが必要だからです。

※ 『適書１５０選』は、教職員が推薦文を添えて生徒に薦める本を紹介する冊子です。三年に一度改訂され、入学生全員に配付されます。巻頭言は校長が書くことになっています。

ｏｎｅ　ｇｒｅａｔ　ｌｅａｐ

第一回前橋高校Ｏｘｂｒｉｄｇｅ研修報告書（平成二十七年三月）

That's one small travel for one teacher and thirty students, one great leap for our school.

三月十八日早朝、イギリスに向かって前橋高校を出発する旅行団にこの言葉を送りました。月面に人類第一歩を印したニール・アームストロングの言葉になぞらえたものです。今回のＯｘｂｒｉｄｇｅ研修は前橋高校にとってはじめての海外研修です。イギリスを訪れたのは、引率の今井俊介先生と三十名の生徒ですが、前橋高校全体に及ぼす影響は計り知れないものがあると考えています。

この報告書は前橋高校の教職員、生徒全員、さらに学校の関係者に広く配付する予定です。四月には全校での報告会を予定しています。研修に参加した生徒たちが体験した経験や感じた衝撃は前橋高校全体に広がっていくと思います。さらに、生徒全員にとって海外に出かけて活動することへの意識の障壁が低くなると思います。今回参加しなかった生徒も次回の研修に参加してみたいと考えるかもしれません。あるいは大学入学後に海外に留学してみたいと考えるかもしれません。

三月二十五日昼頃、学校の正面玄関前で帰着を出迎えた私に積極的に握手を求め、研修を実施したことへの感謝の気持ちを述べる生徒諸君の表情と動作に今回の研修が成功であったことを強く実感しました。

ここで、はじめてのＯｘｂｒｉｄｇｅ研修を実施するにあたって、校長として考えていたことを今後の参考のために記しておきます。

まず、Ｏｘｂｒｉｄｇｅ研修は、単なる語学研修ではなく、異国の地で、異国の文化や価値観、人生観に接し、生徒自身が今後の人生を考える機会にしたいと考えました。研修期間中にケンブリッジ大学に世界のトップレベルの研究者が集まるのは好都合でした。

二つ目に、研修先としてイギリスを選んだ理由は、総じて実用よりも知の蓄積（教養）を大切にするイギリスの学問のあり方のほうがこれからの時代においては重要だと考えました。なぜなら、人類が長い年月をかけて作り上げてきた「知の蓄積」を学ばなければ、レベルの高い思考力や判断力を発揮できるはずがないからです。

三つ目に、現地で交流するのは高校生ではなく、原則として大学生以上にしました。前橋高校の教育は知的活動の基盤となる「知識」をしっかり蓄えていくことを重視しているので、前高生は世界の同世代のなかで最も豊富な「知識」を蓄えているはずです。高校生との交流では優越感のみを味わうことになりかねないと考えました。

四つ目に、「イスラム国」によるテロ行為等を心配しましたが、そのことで旅行を中止すれば、国際的な紛争がたえることはないので、海外研修を実施することはできないと考えました。学校としての実施の可否は、外務省の海外渡航情報に基づいて判断することとしました。もちろん、個人としての参加の可否は、保護者、生徒に委ねました。そして、不運にも万が一旅行団に大きな事故が起こるようなことがあれば実施を決断した者として私は校長の職を辞することも考えていました。

最後に、Ｏｘｂｒｉｄｇｅ研修は今後毎年実施するつもりで始めました。それが前橋高校の校訓のひとつである『気宇雄大』にも適っていると考えました。Ｏｘｂｒｉｄｇｅ研修を通じて前橋高校がいっそうスケールの大きな高校になることを強く願っています。

結びに、今回の海外研修の実施にあたっては、立案から実施まで中心的な役割を果たしてくれた副校長の金子弘幸先生、引率を快く引き受けてくれた今井俊介先生、事前研修を熱心に行ってくれたＡＬＴのクリストファー・バウムンク先生、学校の方針をよく理解して高度な研修を企画運営していただいた株式会社アイ・エス・エイ高崎支店長の登坂貴様、そして、はじめての海外研修にもかかわらず、立派な成果を上げて無事に帰国し、今後に道を拓いてくれた三十名の生徒諸君に敬意を表するとともに感謝し、巻頭の挨拶とします。

※　前橋高校の旅行団が、帰国便に搭乗している時間に、ルフトハンザ機が墜落し、飛行機が行方不明というテロップが流れたときは、心臓が止まりそうになりました。同機の事故で亡くなられた方々には心よりご冥福をお祈り申し上げます。

Ⅲ　挨拶等

私は、そもそも人前で話すことが苦手だったので、挨拶は前もって原稿を書き、何回か読み返して原稿を見ないでも話せるように準備してから、実際の挨拶をしていました。その場の雰囲気で内容を変えることもありましたが、原稿が胸のポケットに入っていることで安心して挨拶できたような気がします。

それでも五十歳で渋川女子高校の校長になった頃には少し場慣れしてきて簡単な挨拶は即興でもできるようになりました。そのため調子にのって原稿を書かないで挨拶をしていた期間があったのですが、しばらくするとたいへんなことになりました。校長は想像以上に挨拶の機会がたくさんあり、いつ、どこで、どのような挨拶をしたかが分からなくなってしまったのです。以前話したことと同じことを話してしまうのではないかという恐怖感が常につきまとうようになってしまいました。

それ以降、どんな小さな行事の挨拶でもあらかじめ原稿を作って、新鮮な素材を使い、ユーモアのある挨拶をするように心がけました。そのおかげで、今回このような形で挨拶集をまとめることができました。

三年間という短い期間ですが、当然のことながら、校長は学校のすべてのことに関わるので、いろいろなことがありました。ひとつひとつの挨拶を読み返してみると当時の記憶があざやかに蘇ってきて無性になつかしく、心が熱くなります。

○ 一学期

正々堂々と

前橋高校Ｗｅｂページ（平成二十四年四月）

本校は、明治十年（一八七七年）に創立され、今年で百三十五年目を迎えます。卒業生は三万三千名を超え、各界で活躍しています。

現在は、一学年八クラス、三学年合計で二十四クラス九百五十八名の生徒が、「質実剛健」「気宇雄大」の校訓を尊重し、授業はもとより、学校行事や部活動にも積極的に取り組んでいます。

高校生活の一日一日を大切にすることで、個性や可能性を伸ばし、社会に適応するだけでなく、課題を解決し未来を切り拓くことのできる資質を身につけるとともに、正々堂々と、力強く生きていける人間に成長してほしいと願っています。

※『群馬県立前橋高等学校ホームページ』の「学校長より」に掲載したものです。

大きな方針転換

新入生オリエンテーション（平成二十五年四月十一日赤城青少年交流の家）

入学式では、呼名に対して、堂々とした大きな返事をしてくれる人が多かったので、うれしく思いました。すばらしい学年になるという予感を感じるとともに、すばらしい学年にしたいという決意を強くしました。

前高《まえたか》は皆さんの学年から大きな方針転換を行いました。昨年度入学生までは、一年で二泊三日の関西研修旅行を実施していましたが、皆さんの学年からは、二年で三泊四日の沖縄修学旅行を実施します。

理由は大きく言えば二つあります。一つは、研修旅行より修学旅行の方が社会性や自主性、感性や豊かな心、友情や絆など、人間性を向上させることができると考えたこと。もう一つは、現在の沖縄を見ると、世界のなかの日本がよく見えてくると考えたことです。

この方針転換が成功であったと言われるように、すばらしい学年になってほしいと強く願っています。

新入生オリエンテーションの意義は次の二つです。

まず、「前高」について知ること。「生きる」こと、「考える」ことは、「知識」の土台の上に生まれるものです。「知る」こと、「知識を蓄える」ことが成長の第一歩です。前高生として有意義な高校生活を送りたいならば、まず、「前高」について知ることが大切です。

二つ目は同級生と親しくなること。皆さんは県内のさまざまな中学校から入学してきました。このオリエンテーションを、友人をつくる「きっかけ」にしてほしい。「赤城青少年交流の家」の職員の皆さんや先生方に迷惑をかけることがないように責任のある行動を取ること。皆さんはすでに「前高」の看板を背負っていることを忘れないでください。

高校生活について一つだけアドバイスします。

人生を決める主なものは、「才能」、「運」、「努力」の三つだと思います。そして、「才能」や「運」は自分の力ではどうにもなりませんが、「努力」は自分の意思でできることです。大リーガーのイチローは「ヒットを打つコツは何か」と尋ねられて、「練習です」と答えています。

「楽しい充実した高校生活を送るコツは何か」と尋ねられるなら、私は、勉強も部活動も「努力」と答えます。「努力」を怠らない高校生活を送ってほしい。

結びに、これからの高校生活に役立つオリエンテーションになることを願っています。

部活動は教育の一環（高体連剣道専門部長として）

平成二十五年度高体連剣道専門部総会（平成二十五年四月十六日）

本日は年度当初のお忙しい中、総会にご出席いただき、ありがとうございます。また、日頃から熱心に部活動の指導に取り組んでいただき、ありがとうございます。

昨年度に引き続き、高体連剣道専門部長を務めさせていただく前橋高校の小笠原です。委員長を務める本校の新井毅先生ともどもよろしくお願いします。

高体連の組織は先生方の協力があってはじめて大会開催等の活動ができます。ぜひご協力をよろしくお願いします。

改めて言うまでもないことですが、部活動は高校教育の中で大変重要な役割を担っていると思います。勝つために努力することはもちろん大切ですが、教育の一環であることをぜひ忘れないでください。大きな社会問題となった顧問による体罰、上級生によるいじめ等が絶対起こらないように注意してください。また、剣道の技量だけでなく、あいさつ、マナー、会場準備等の指導も大切にしてください。

本日は、平成二十五年度の専門部の活動について、全校の顧問で、検討、確認、決定する重要な会議です。充実した総会になるようご協力をお願いいたします。

将来の日本を背負って立つ人間に育てたい

平成二十五年度ＰＴＡ総会（平成二十五年五月二十三日）

平成二十五年度のＰＴＡ総会がこのようにたくさんの保護者の皆様にご出席いただき、盛大に開催されますことをお祝い申し上げますとともに、学校として大変心強く思います。

また、金井会長様をはじめ、平成二十四年度役員の皆様にとっては、本日が最後の行事になります。大変お世話になりました。引き続き役員を務められる方も多いと思いますが、よろしくお願い申し上げます。

おかげ様で私も校長として二年目を迎えました。生徒や保護者の皆様が希望している進学指導の充実には万全を期したい。さらに、部活動や学校行事にも力を入れて、将来の日本を背負って立つ人間に育てたいと考えています。

昨年度の進学実績は大変すばらしい結果でした。合格率、進学率が上昇し、特に、国公立大医学部合格者数は大きく躍進しました。生徒、教職員が頑張ったことはもちろんですが、補習、校外模試、勉強合宿を主催していただいたＰＴＡの理解と支援によるところも大きいと考えています。今年度も、昨年度を上回る結果が出せるように努力していきたいと考えていますので、引き続きよろしくお願い申し上げます。

進学実績の概要を申し上げます。

卒業生三百十六名の合格率八一％（前年七八％）。進学率六九％（前年六六％）。

国立大二百七名（現役百六十七名）（前年百九十三名（現役百五十名））。

東大十名（現役八名）、京大七名（現役六名）。

群大医十四名（現役十名）。

国公立大医三十五名（現役二十四名）、関東公立高校一位。全国公立高校七位。

（日比谷二十六名、浦和二十四名、千葉二十四名、土浦十七名、水戸七名、宇都宮十四名）

高校総体は、総合四位で、昨年の三位から順位を下げましたが、四位も立派な成績です。それぞれの部が少しずつ得点をかせいだ結果であり、よく頑張ったと思います。部活動で得られるものは大きいので、生徒には引き続き積極的に活動してもらいたいと思っています。

まもなく蛟龍祭《こうりょうさい》と優曇華《うどんげ》があります。

蛟龍祭は、六月八日、九日。ＰＴＡ・母の会の部屋も用意します。

優曇華は、七月二十日。ベイシア文化ホールで開催。前橋市民文化会館よりも八百人余計に入場できます。

明日まで中間考査です。特に、一年生の保護者の皆様に申し上げます。本校は各中学校のトップクラスの生徒が集まっている高校です。希望する大学もレベルが高いので、定期考査の試験もむずかしく、中学時代には取ったことのない点数のテスト結果を持って帰るかもしれません。一番ショックを受けているのはお子さん本人であるということを念頭においてください。

もし、そのようなことがあったら、「できなかったところを復習してできるようにしておけばできたのと同じ、次の試験で頑張ればいい」と明るく励ましてください。

今日は、総会終了後、学年別懇談会も予定しています。教育においては、学校と保護者の皆様の共通理解が大切だと思います。半日の日程になりますが、共通理解が深まることを願って挨拶とさせていただきます。

「前高」を楽しんでいただきたい

平成二十五年度「母の会」総会（平成二十五年五月九日）

平成二十五年度の「母の会」総会がこのように盛大に開催されますことをお祝い申し上げますとともに、学校としても大変心強く思います。

校長の小笠原ですが、二年目を迎えています。今年度も勉強、部活動、学校行事にバランスよく取り組ませることで、進学希望の実現と個性豊かな人格の形成に向け、教育活動を行っていきたいと思います。どうぞ、ご理解とご協力を引き続きお願い申し上げます。

明日から高校総体が開催されます。開会式は敷島の陸上競技場で行われます。前高《まえたか》は慣例として、運動部に入っていない一年生が原則全員行進し、二年生は観覧席で見学することになっています。運動部に入っていない生徒にそのような経験をさせるという前高の伝統を尊重したいと考えています。行進する生徒を選抜して毎日のように行進の練習をして行進の優秀校を目指している学校もあります。本校は一回練習しただけです。「前高」の看板を背負っていることを忘れずにしっかり行進してくれればよいと考えています。

競技の方ですが、どの部も皆よく練習しています。特に三年生には練習の成果を出しきって勝っても負けても納得のいく大会にしてもらいたいと思っています。ぜひ応援に行ってあげてください。

さて、「母の会」には今までもいろいろな面で学校に対してご支援ご協力をいただいています。今年度もどうぞよろしくお願い申し上げます。また、講演会や旅行もあるようなので、保護者の皆様にも、「前高」を楽しんでいただけたらと思っています。今日はアトラクションとして吹奏楽部の演奏を聴いていただきました。今後も七月の「優曇華《うどんげ》」等、演奏会がありますのでぜひご来場ください。総会のあと、講演の機会を与えていただいた竹澤教頭先生は大変明朗で快活です。群馬県で全国高校総合文化祭が開催されたときには、教育委員会に置かれた事務局で活躍されました。職員室の雰囲気を明るくしてくれています。本校のOBでもあるので楽しい話をしてくれると思いますので、よろしくお願いいたします。

結びに、本日の会が、充実した会になることを願って、挨拶とさせていただきます。

※　母の会は、PTAとは別の組織です。昭和二十七年十二月に学校が火災で焼失した翌年の二十八年五月に、復興を支援するために当時のお母さん方が結成し、炊き出し等いろいろな支援をしてくれたそうです。現在は、講演会や研修旅行を実施しています。研修旅行は十月に行われ、学校の管理職、担当職員も参加します。二十四年度は善光寺・小布施、二十五年度は水戸・笠間、二十六年度は川越へ行きました。また、二十六年二月の大雪に際して、除雪費用を援助していただきました。

自分の心をコントロールすること（群馬県高等学校文化連盟将棋専門部会長として）

第四十回群馬県高等学校将棋選手権大会（平成二十五年五月十二日前橋高校蛟龍館）

皆さん、おはようございます。

昨年度に引き続き、高文連将棋専門部の部会長を務める前橋高校の小笠原です。

現在、高校総体が県内各地で開催されていますが、将棋もスポーツに劣らず、人間を成長させると思います。そして、本日のような「真剣勝負」の大会の中では、学ぶことがたくさんあると思います。私の場合は、「自分の心をコントロールすること」の難しさ、大切さを学びました。皆さんも何かを学び取ってほしいと思います。

さて、今日の大会は、七月三十一日、八月一日の両日、長崎県で開催される全国高等学校総合文化祭への出場権がかかった大会です。参加する選手の皆さんが練習で培った力を発揮して熱戦が展開されることを期待しています。

また、役員の先生方、顧問の先生方には大変お世話になります。

それでは、選手の皆さん頑張ってください。

※　私は、大学時代将棋部に所属していました。

実際にやってみる

教育実習生へ（平成二十五年五月二十七日）

校長の小笠原です。おはようございます。昨年の四月から校長を務めています。皆さんが教育実習に来てくれたことをたいへんうれしく思っています。

教育実習の開始に当たって、皆さんに二つのことをお願いしたいと思います。

まず一つ目は、教員のいろいろな仕事を積極的に体験してほしいということです。

皆さんは、小学校から大学まで、大勢の教員の姿を見てきたと思います。また、大学の教職課程で、教職について勉強してきました。したがって、教員の仕事についてはある程度理解しているわけですが、見ているのと、あるいは講義で聴くのと、実際にやってみるのとでは大きく異なります。教育実習の持つ意味はまさに「実際にやってみる」ということにあります。授業だけでなく、学校行事、部活動、会議等、様々なことを積極的に、遠慮しないで「実際にやってみて」ください。

次に二つ目ですが、機会を見て、授業時間を割いてでもかまいませんので、生徒に卒業生として、人生についてのアドバイスをしてほしいということです。

在校生は、皆さんの頃と同じように、勉強、部活動、学校行事に積極的に取り組んでいます。校長として生徒に希望していることは、高校生活の一日一日を大切にする（学習はもちろん、部活動、学校行事も）ことで、個性や可能性を伸ばし、社会に適応するだけでなく、課題を解決し未来を切り拓くことのできる資質を身につけるとともに、正々堂々と、力強く生きていける人間に成長してほしいということです。皆さんには、生徒がそれぞれの人生を選択するヒント、高校生活を有意義に過ごすヒントを与えてもらえればありがたいと思います。

皆さんの実習期間は二週間あるいは三週間ですが、この教育実習が教育を理解する機会となることを願っています。失敗を恐れないで、ここは皆さんの母校なので多少の失敗は大目に見ますので積極的にいろんなことを体験してください。

人間的に大きく成長する契機（関東高等学校体育連盟剣道専門部長として）

第六十一回関東高等学校剣道大会開会式（平成二十六年六月六日ぐんまアリーナ）

今年度、関東高等学校体育連盟剣道専門部長を務めます、群馬県高等学校体育連盟剣道専門部長の小笠原です。

第六十一回関東高等学校剣道大会が、ここＡＬＳＯＫぐんまアリーナで開催されますことをお慶び申し上げますとともに、群馬県高等学校体育連盟剣道専門部として心より歓迎申し上げます。

各都県の厳しい予選を勝ち抜いた選手の皆さんが、日頃の練習成果を思う存分発揮され、白熱した試合が繰り広げられることを強く願っています。

スポーツは技量や体力を向上させ、勝利を手にすることを目標に行われることは言うまでもありません。しかし、高校スポーツにはもっと大きな目的があると思います。それは参加する一人一人の高校生が人間的に成長することです。

大会に参加する一人一人の選手がこの大会を通じて人間的な成長につながるものを何か一つでも学び取ってくれることを期待しています。

大会運営を担当していただく先生方、審判を担当していただく先生方には、三日間にわたりたいへんお世話になります。充実した大会になりますようにご協力ご支援をよろしくお願い申し上げます。

また、大会運営の補助員として協力してくれる群馬県の高校生の皆さんにもたいへんお世話になります。本大会が皆さんにとっても人間的に成長する「勉強の場」となることを願っています。

結びに、この大会の一瞬一瞬が参加してくれた高校生にとって充実したかけがえのない時間となり、人間的に大きく成長する契機となることを願って挨拶とさせていただきます。

※　関東高等学校体育連盟の剣道専門部長は、関東大会を開催する県の剣道専門部長が務めます。

晴れ間が見えてきました

蛟龍祭《こうりようさい》開会式（平成二十五年六月八日生徒玄関前）

まず、開幕に合わせて、ご来場いただいている皆様、たいへんありがとうございます。ゆっくり蛟龍祭をお楽しみください。

さて、前高生諸君《まえたか》、今日までの準備、ご苦労様でした。皆さんの熱意が天に通じて、雨が上がり、晴れ間が見えてきました。

第五十三回蛟龍祭の開幕です。

来場してくれる方々が、前高の文化祭に来てよかったと思っていただける蛟龍祭になることを願っています。

そして、前高生全員が前高生でよかったと思える蛟龍祭になることを願っています。

※　蛟龍祭は、隔年で開催される前橋高校の文化祭です。

県立浦和高校長への訪問依頼通知（平成二十五年七月一日）

時下、ますますご清栄のこととお慶び申し上げます。

さて、本校では、「質実剛健、気宇雄大」の校訓のもと、「未来を切り拓くために、着実に努力する人間」の育成等を教育目標に、学校づくりに取り組んでいます。

つきましては、下記の要領で貴校を訪問させていただき、スケールの大きな教育を実践している貴校の教育理念や教育実践等について学び、本校の学校づくりに生かしていきたいと考えています。

ご多忙のところ誠に恐縮ですが、ご指導の程、よろしくお願い申し上げます。

記

1　訪問日時
平成二十五年九月二十日（金）　十四時〇〇分～十六時三〇分

2　訪問者
校長ほか四名

3　訪問の内容
授業視察

教育理念、教育実践等についての情報交換

4　おもな質問内容

（1）教育理念、教育目標（育成したい人間像等）について

（2）教育課程編成上の工夫について

（3）新学習指導要領への対応（言語活動の充実等）について

（4）部活動、学校行事と学習活動について

（5）キャリア教育（企業見学、大学見学、模擬授業等）について

（6）難関校志望者の進学指導（特に、東大志望者の指導）について

（7）国際理解教育（姉妹校交流等）について

※　浦和高校の杉山剛士校長は、私の大学時代の同級生です。杉山校長は、昼の視察を受け入れてくれただけでなく、夜には懇親の場を設けてくれました。

杉山校長は、浦和高校の校長室に置かれた校旗を指さし、「これは卒業生の若田飛行士が宇宙空間に持って行き持ち帰った校旗」と説明され、たいへんうらやましく思いましたが、前橋高校には太平洋戦争を終戦に導いた鈴木貫太郎や近代の代表詩人萩原朔太郎がいるとも思いました。

この学校訪問により、海外研修（「Oxbridge 研修」）導入の必要性を強く認識しました。

率直なご意見をいただきたい

平成二十五年度第一回学校評議員会（平成二十五年七月五日）

この度は、平成二十五年度の学校評議員をお引き受けいただきありがとうございます。また、本日はご多忙の中、学校評議員会にご出席いただき、大変ありがとうございます。当初は六月二十一日に開催の予定でしたが、三年に一度の県教育委員会の指導訪問が入ってきたので、変更させていただきました。ご協力に感謝申し上げます。

県教育委員会から預かりました辞令書を机上に置かせていただきましたので、ご確認いただきたいと思います。よろしくお願い申し上げます。

学校評議員会は学校関係者評価委員会を兼ねています。学校教育法という法律の規定に基づいて、学校評価の一環として、学校自身による自己評価だけでなく、学校に関係ある人たちに評価をしてもらうということです。あまり、むずかしくお考えにならないで、率直に評価していただければと思います。学校関係者評価は、第二回の評議員会でお願いする予定です。

さて、県教育委員会の指導訪問については、おかげ様で重大な指摘事項はありませんでした。

さらに、学校の近況について主なものを三点申し上げます。

まず、平成二十五年度入試の結果は全体的には良好でした。現浪合わせての主な数値は、「東大十、

京大七、国公立大医学部三十五、国公立大二百三十一、慶応三十九、早稲田四十五」。特に、国公立大医学部三十五は関東地区三位、公立では一位です。

次に、県高校総合体育大会の総合順位は四位。山岳部が優勝。文化部では、将棋部、囲碁部、ギター・マンドリン部が県予選を突破して全国大会に出場します。

三つ目に、六月八日、九日の両日、文化祭を開催しました。天候に恵まれ、約六千七百人の来場者を迎えました。

本日の資料の一枚目に、「平成二十五年度学校経営」という資料を載せました。これは、年度当初の職員会議で示した校長としての学校経営方針です。「理想の追求、正々堂々、力の結集、信頼」の四点を大切にして学校経営を行っていきたいと考えています。

この後、それぞれの担当者から学校の近況報告をさせていただき、評議員の皆様からご意見をいただきたいと思っております。さらに、その後、授業の様子を見ていただき、感想をお伺いしたいと思いますので、よろしくお願い申し上げます。

※　学校評議員会は年二回開催され、二回目の会では、「学校関係者評価」をしてもらいます。

※　三一一ページに平成二十六年度の学校経営方針を掲載してあります。

学校を代表して心よりお礼申し上げます

平成二十六年度同窓会総会（平成二十六年七月十二日群馬ロイヤルホテル）

校長の小笠原です。同窓会の皆様には、前橋高校の教育にご理解をいただき、さまざまなご支援をいただいております。学校を代表して心よりお礼申し上げます。

特に、「桑の弓」基金につきましては、家庭の経済状況が厳しい生徒にご支援いただくとともに、昨年度は規定を変更していただき、吹奏楽部の楽器（約三百万円）を購入していただきました。それまで、吹奏楽部は他の団体から楽器を借用して活動している状態でしたが、これで解消することができました。大変ありがとうございました。

今日は、同窓会とほぼ同時に、ベイシア文化ホールで、吹奏楽、音楽、ギター・マンドリンの三部合同演奏会である「優曇華《うどんげ》」を開催しています。おかげ様で「優曇華」は五十回を迎えました。

三月には、三百十六名が卒業しました。今年の卒業生は十一年ぶりに定期戦を勝ち越して卒業したので、大学入試も最後の逆転を期待していたのですが、合格状況は期待に応えることができず、大変ご心配をおかけしました。それでも、総合的に見れば、立派な「前高《まえたか》卒業生」なので、同窓生の仲間に入れていただきたいと思います。

現三年生は、「このままいけば」という状況なので、ご期待に応えられるのではないかと思っています。

五月の県高校総体では、サッカー（二十二年ぶり二度目）、剣道（五年ぶり六度目）が優勝して総合二位（七年ぶり二度目）になることができました。将棋部、囲碁部も優勝しています。部活動は大変順調です。

全般的にも、生徒は大変元気で、勉強、部活動、学校行事に積極的に取り組み、将来社会で活躍する基盤を固めていると思います。ちなみに、定期戦は今年は高高《たかたか》開催、アウェーで勝てば二十三年ぶりになります。

来年三月には、希望者三十名をオックスフォード大学とケンブリッジ大学に連れて行く「オックスブリッジ研修」を実施する予定です。参加生徒には、研修成果を帰国後全校生徒に発表してもらうつもりです。校訓の「気宇雄大」を念頭に置いた取組とご理解いただきたいと思います。

結びになりますが、同窓会のますますのご発展をお祈り申し上げますとともに、引き続き、前橋高校にご理解とご支援をたまわりますよう、お願い申し上げまして挨拶とさせていただきます。

※　同窓会総会は、毎年七月の第二土曜日に開催され、総会前の役員会で、校長は、近況報告を含めて挨拶することになっています。

盛り上がった大会に

平成二十四年度校内競技大会（平成二十四年七月十日）

一学期も残り少なくなりましたが、さまざまな成果を上げて今日に至っていることを大変うれしく思います。

さて、競技大会の開会に当たり、簡潔にあいさつを述べます。

まず、この大会に二つの成果を期待しています。

一　定期戦勝利につながる充実した大会となること。

二　各クラスの団結が強まること。

競技に当たり、注意してほしいことが二つあります。

一　正々堂々と競技すること。

二　気温が高いので、水分補給等、体調管理に特に注意すること。

高校野球が順延になったために、予定どおりに実施できないのは残念ですが、野球部の勝利を願うとともに、競技大会が盛り上がった大会になることを期待し、開会の挨拶とします。

楽しい「ひととき」

第五十回『優曇華《うどんげ》』（平成二十六年七月十二日）

本日は、第五十回『優曇華』にご来場いただき、たいへんありがとうございます。この演奏会は、県立前橋高等学校の音楽三部であるギター・マンドリン部、音楽部、吹奏楽部が合同で開催する演奏会です。おかげ様で五十回という節目を迎えることができました。

音楽は人生に潤いをあたえ、社会を豊かにするたいへん意義のある活動です。長年にわたり三部の活動を物心両面から支えてくださった多くの皆様に心より感謝申し上げますとともに、青春時代の貴重な時間を音楽に傾注して心のこもった演奏を披露し、それぞれの公演を成功させてきた多くの皆様に深く敬意を表します。

本演奏会では、東日本大震災震災孤児支援募金を行っていますので、ご協力をお願い申し上げます。

結びに、本日の演奏会が楽しい「ひととき」となりますようご協力をお願い申し上げますとともに、ギター・マンドリン部、音楽部、吹奏楽部へのいっそうのご支援をお願い申し上げまして挨拶とさせていただきます。

※「優曇華」は、仏教において、三千年に一度開花し、開花すると如来が来臨すると言われている伝説の花です。こ

の演奏会は、毎年七月に群馬県民会館、あるいは前橋市民文化会館において開催され、来場者は二千名を超えます。

校長はパンフレットに挨拶を寄せるとともに、開会にあたり、舞台上で挨拶します。

協力に感謝します

職員会平成二十六年度暑気払いの会（平成二十六年七月十八日）

大勢の皆さんに参加していただいて暑気払いの会がもてることをたいへんうれしく思います。

一学期はいろいろなことがありましたが、皆さんの協力に感謝しています。

特に、高校総体の総合二位はうれしく思っています。優勝カップが取れなかったのは少し悔しいのですが、その楽しみは来年に残しておきたいと思います。

たくさんの部が全国大会に出場します。顧問の先生方の日頃の指導の賜物と思います。感謝するとともに、健闘を心より期待しています。

七月になり、暑い日が続いていますが、今日はたくさん飲んで、食べて英気を養ってください。

会を設営してくれた幹事さんに感謝します。明日は早い時間から野球の試合があります。早朝から車に乗る方は酒気帯び運転にならないように注意してください。

それでは、楽しい会になることを願っています。

沖縄修学旅行を復活します

職員朝会（平成二十四年七月二十日）

修学旅行の行き先については、先生方の意見が拮抗していると私は判断しています。

学年会議等の意見は、奈良・京都十八人、広島・神戸二人、沖縄十五人、屋久島一人、海外四人です。

修学旅行検討委員会の提案は、先日の職員会議で発表されたとおり、「沖縄方面、三泊四日、十一月第二週実施」です。しかし、職員会議では意見がまとまりませんでした。

職員会議後、校長室には五人の先生が意見を述べに来てくれました。学校のことを真剣に考えてくれていることが分かり、大変感謝していますが、意見はそれぞれでした。

学校の意志は、職員会議の多数決等で単純に決定されるべきものではありませんが、この問題についてはどちらかを選択することが決定的に許されないという案件ではないので、先生方の意見が決定的であれば、それを尊重しようと考えていました。

しかし、意見が拮抗している状況であり、このような場合には、必要な時期に最終決断をするのが校長の職責であると考えています。中学生への学校説明会で入学後の教育内容として提示しなければならないという時間的制約もあるので、私の結論を申し上げます。

委員会の案のとおり、平成二十五年度入学生から沖縄修学旅行を復活します。

理由は、私自身も、前高の生徒にとって、沖縄の方が関西よりも学ぶべきものが多いと考えるからです。具体的には以下のとおりです。

①　関西旅行は中学校で経験している。

②　沖縄は現在の日本が置かれた状況を端的に表している。
（経済格差、米軍基地、見返り予算、中国との関係）

③　沖縄は唯一の地上戦が行われた場所であり、平和について学ぶことができる。

④　日本の置かれた地理的な状況について実感することができる。

⑤　飛行機の旅行を経験できるのも意義がある。

現時点で中学生へ強くアピールすることは考えていません。しかし、やがて前高《まえたか》がすばらしい修学旅行を実施していることが中学生の評判となって前高を選択してくれる中学生が増えてくれたら、それは大変うれしいことだし、そうしなければならないとは考えています。すばらしい教育をしていれば、中学生は自然と集まってくれると思います。

最後に、PTAの本部役員にも、八月二十一日の本部役員会で説明しようと考えています。大きな反対でもあれば、再検討する必要もあるかもしれませんが、実際に当該の修学旅行に関わる保護者ではないし、そのようなことのないように説明したいと考えています。

※　平成二十五年度入学生から、一年での関西方面研修旅行をやめて、二年での沖縄方面修学旅行を実施することとしました。

学校の一体感や勢いを大切にする（硬式野球部応援のための補習中止）

保護者宛通知（平成二十五年七月二十二日）

盛夏の候、保護者の皆様にはますますご清栄のこととお慶び申し上げます。また、日頃より本校の教育活動にご理解ご協力をたまわり、誠にありがとうございます。

さて、第九十五回全国高等学校野球選手権記念群馬大会において、本校硬式野球部は、七月二十三日（火）午前九時より上毛新聞敷島球場で行われる準々決勝に進出しております。これは、同部生徒の努力の賜物ですが、新聞等で報道されているとおり大勢の生徒たちが球場に足を運び、懸命に応援を行ってきた結果でもあります。

そこで、当日に予定されていた補習は中止して、硬式野球部の応援を奨励することといたしました。友との絆を大切にする生徒たちの心情を尊重し、学校の一体感や勢いを大切にすることが「人格の完成」を目指す教育の目的にかなうものと判断いたしました。趣旨をご理解の上ご協力をお願いいたします。

※　当日は、ほぼ全員の生徒が上毛新聞敷島球場にかけつけ、スタンドが揺れるような大応援を繰り広げ、全国大会に出場して優勝した前橋育英高校と、七回まで「三対三」の接戦を演じました。

夏の大会で高校野球が終わるわけではない

平成二十六年度野球部選手慰労会（平成二十六年八月三十日）

保護者会総会に引き続いて、選手の慰労会がこのように盛大に開催されますことをお慶び申し上げます。

三年生の部員の労をねぎらう会ということですが、労をねぎらわれるべきは生徒だけでなく、あるいは生徒よりも、三年間生徒を支えていただいた保護者の皆様ではないかと思います。お忙しいなか、たくさんの時間を割いていただき、野球部の活動にご協力いただきましたことに、心より感謝申し上げます。

さて、三年生の諸君、三年間楽しい夢を見させてくれてありがとう。君たちの公式戦はほとんど見てきたような気がします。それは、校長としての義務ではなく、君たちの野球を見るのが楽しかったし、元気をもらうことができるからです。

甲子園には行けなかったけれど、野球に打ち込む姿は、プレーする姿も、応援する姿もたいへん立派だった。感動的だった。三年間の思い出、そして仲間との友情を大切にしてほしい。ここまでできたことを今後の人生の励みにしてほしい。

これは、去年の三年生にも言ったことだが、前高《まえたか》野球部の三年生にとっては、夏の大会で、高校野球が終わるわけではないと私は思います。入試に合格して大学に進学するまで頑張ってはじめて前高野球部で高校野球をやったことになるのだと思います。

野球であれだけ厳しい練習に取り組むことができた皆さんだから、勉強だってきっと力を発揮することができると思います。

保護者の皆さんや安田監督、小内《おない》部長をはじめ、ここまで支えてくれたたくさん方々のためにも、大学への進学を勝ち取って高校野球の決着を付けてほしいと思います。

皆さんの今後の健闘を期待しています。以上です。

※ 前橋高校野球部は、毎年八月下旬に保護者会の総会を開催し、総会後に三年生選手の慰労会を開催しています。

だれが選抜の作業を行っても合格者は同じになります

職員会議（平成二十四年九月三日）

高校入試については、六月の職員会議でも触れましたが、入試委員会で検討を進めています。

そこで、検討をスムーズに進めてもらうために、私の方針をここで明確にしておきます。

一言で言えば、すべてを公表することになっても説明責任が果たせる方法で実施したいと考えています。そのために、必要不可欠なことは、以下の二つであると考えます。

一　『群馬県公立高等学校入学者選抜実施要項』等で県民、受験生に公表した選抜方法のとおり実施すること。

二　受験生の願書を受け付ける前に、あらかじめ定めた方法、基準ですべての合格者を決定すること。

一について、たとえば、実施要項では、前高の後期入試は、「学力検査と調査書（学習の記録の評定）を六対一として判定する」となっています。これは、県民、受験生への約束であり、忠実に実施します。

二について、受験生の状況を見てから、基準、方法を決定することは、特定の受験生に有利な取扱いを行ったという疑義を免れることができません。もちろん、判定会議で合格とする者を推薦し合い、多数決で決するようなことはしません。

したがって、だれが選抜の作業を行っても合格者は同じになります。

以上の二点については、校長としての方針であり、変更の余地はありません。

※　前橋高校の平成二十五年度、二十六年度、二十七年度の入学者選抜は、前期選抜、後期選抜のいずれも、この方針に基づいて実施しました。

最終的な決断は本人にさせる

平成二十六年度第三学年保護者進路講演会（平成二十六年九月六日）

本日は休日にもかかわらず、このように大勢の保護者の皆様に学校までお出かけいただきありがとうございます。

早いものでもう九月を迎えました。先日、センター試験の願書を配り、学年集会で説明しました。九月二十九日から十月九日までが出願期間ですが、十月二日が「大安」なので、進路指導部はその日あたりに出願することにしているのだろうと思います。学校では、生徒たちが希望する大学に進学できるように全力を尽くします。縁起も担ぎます。ご家庭でも、本日の進路講演会を参考にしていただき、生徒たちを後押ししていただきたいと思います。

二つ、申し上げます。

今年三月の卒業生の入試結果があまり良くなかったので、心配されているかもしれませんが、三年生の現在の状況は良好です。優秀な浪人生も残っているので、学校としては現浪あわせて大きく躍進し、今年の「雪辱」を果たしてくれることを期待しています。自信をもって努力を継続し、難関校を積極的に受験していってほしいと思っています。大切なことは目標を定めて努力することだと思います。

次に、もう一つお願いしておきたいことがあります。それは、「最終的な決断は本人にさせる」ということです。

生徒は実社会についてはほとんど経験がありません。だから、生徒のこと、社会のことをよく理解している保護者の皆様がアドバイスするのは重要なことです。「関西の大学に行けば、関東の企業には就職しづらくなる。関東の大学にした方がいいよ。」当然です。遠慮なく話してください。しかし、最後に必ず付け加えてください。「でも、あなたの人生だから、最後はあなたが決めなさい」と。

家庭としての希望もあると思います。「うちは代々病院を経営しているのだから、医者になって欲しい。」当然です。遠慮なく説得してください。しかし、最後に必ず付け加えてください。「でも、あなたの人生だから、最後はあなたが決めなさい」と。

どの道を選ぼうとも、人生は良いことばかりではありません。必ず苦しいことやつらいことがあります。そのとき、その苦しさやつらさに耐えて努力を継続するためには、その道が自ら選んだものであることが大切だからです。

いわずもがなのことを申し上げたかもしれません。本日の講演会が有意義なものになることを願っています。

勝敗を分けるのは気力だ

第六十六回定期戦結団式（平成二十四年九月二十八日）

いよいよ明日、定期戦が行われます。

長い期間、実行委員を中心に本当によく努力を積み重ねてきたと思います。

皆さんの真剣に取り組む姿、全校の盛り上がりを大変うれしく思っていました。

しかし、相手も努力しているので、明日は接戦になると思います。接戦の場合、勝敗を分けるのは気力だと思います。

私は今までに十四回の定期戦を経験してきました。最も印象に残っているのは、「行け、行け、前橋」の地響きのするような前高《まえたか》の大応援です。

ぜひ、明日も前高伝統の「行け、行け、前橋」の大応援で、選手の気力を奮い立たせて勝利してください。

現在、定期戦の優勝カップは本校の校長室にあります。明日一日、校長室を離れるだけで、必ず戻って来ると信じています。健闘を期待しています。

※「定期戦」は、前橋高校と高崎高校との間で、昭和二十四年から定期的に開催されているスポーツの対抗戦です。

一年に一度、開催校を交互に交代しながら、一般生徒の対抗戦と運動部の対抗戦をそれぞれ行い、総合点で勝者を決める伝統行事で、生徒が実行委員会を組織して準備運営にあたります。両校にとっては、たいへん重要な行事なので、三年間の挨拶をすべて掲載しました。

在任三年間の結果は以下のとおり。

平成二十四年度　前橋　七六・五　対　九九・五　高崎○

平成二十五年度　○前橋　一〇五・五　対　七四・五　高崎

平成二十六年度　前橋　八八・〇　対　九二・〇　高崎○

ノーサイド

第六十六回定期戦閉会式（平成二十四年九月二十九日）

まず、勝者高崎高校の皆さん、おめでとう。この勝利を励みとして、高崎高校をさらに発展させてください。

次に、前橋高校の皆さん、善戦むなしく敗れたとは言え、その戦いぶりは見事でした。この結果を糧として、前橋高校をさらに発展させてください。

そして、会場校である高崎高校の皆さん、万全の準備、見事でした。心から感謝します。

今、閉会にあたり、第六十六回定期戦が両校生徒の努力で、定期戦の歴史にすばらしい一ページを積み重ねることができたことを何よりもすばらしいことと思っています。定期戦の勝者は高崎高校ですが、今日の勝者は、それぞれの努力を積み重ねて定期戦を成功させた高崎高校と前橋高校の生徒全員であると私は思っています。

三回の定期戦で切磋琢磨し、やがて卒業していく両校の三年生の皆さん、ノーサイドです。友情が末長く続くことを願っています。

結びに、高崎高校、前橋高校両校のますますの発展を願って、閉会の挨拶とします。皆さん、お疲れ様でした。

蜂の話をした

第六十七回定期戦結団式（平成二十五年九月二十七日）

いよいよ明日、定期戦本戦が行われます。

長い期間、実行委員を中心に本当によく努力を積み重ねてきたと思います。

もちろん、相手も努力しているので、最終的には大差を付けることもあるかもしれないが、接戦になると思います。ぜひ、高校野球で見せた前高伝統《まえたか》の「行け、行け、前橋」の大応援で、前高全体が一丸となって、勝利をたぐり寄せてほしい。

ところで、高高《たかたか》も今頃、結団式をしていると思うが、高高の校長先生には、前高校庭で最近二人が蜂にさされたので、高高の生徒にも注意しておいてほしいとお願いしました。明日の開会式で私から話そうかと思ったが、「突然言われ、蜂に動揺して負けた」と言われないように、正々堂々とあらかじめ話をしました。

昨年の九月まで、校長室には、定期戦の立派な優勝カップがあった。明日は、必ず取り戻してくれると信じています。皆さんの健闘を期待しています。

※　高崎高校の羽鳥進一校長先生は、蜂の話を生徒には伝えなかったようですが、被害はありませんでした。

かけがえのない絶対的な価値

第六十七回定期戦開会式（平成二十五年九月二十八日）

秋晴れの天候に恵まれ、第六十七回定期戦をこのように盛大に開催できることを大変うれしく思います。

定期戦の開催に向け、準備を重ねてきた両校の実行委員、日々練習を積み重ねて来た両校の生徒諸君に心より敬意を表します。

高校時代は大学に合格するためだけに存在するのではありません。高校時代の一瞬一瞬にはかけがえのない絶対的な価値があります。

前高《まえたか》、高高《たかたか》両校にとって、「定期戦」はその象徴だと思います。

両校の生徒諸君が、正々堂々と、思う存分、戦い、青春を謳歌し、結果として強い絆で結ばれることを願って、定期戦開会に当たっての挨拶とします。

※　開会式の挨拶は、会場校の校長、閉会式の挨拶は、会場校でない学校の校長が述べることになっています。

必ず逆転できる

第六十八回定期戦結団式（平成二十六年九月二十五日）

いよいよ明日、定期戦本戦が行われます。

長い期間、実行委員を中心によく努力を積み重ねてきたと思います。

現時点では、十五点負けているようだが、「行け、行け、前橋」の大応援で、前高《まえたか》全体が一丸となって戦えば、必ず逆転できる。

明日勝てば、二十三年ぶりのアウェーでの勝利、二十二年ぶりの連勝になる。歴史的快挙だ。

現在、校長室には、定期戦の立派な優勝カップがある。明日は、一度高崎高校にもって行くが必ず日帰りで戻ってくると信じています。皆さんの健闘を期待しています。

両校生徒の健闘を讃えて

第六十八回定期戦閉会式（平成二十六年九月二十六日）

高崎高校の生徒諸君、優勝おめでとう。

前橋高校の生徒諸君、来年の挽回を期待しています。

天候に恵まれ、伝統の定期戦が盛大に開催され、六十八回目の歴史を重ねることができたことを何よりもうれしく思います。

三回の定期戦を戦った両校の三年生諸君、この絆を大切にしてください。

一、二年生諸君、充実した高校生活を送り、来年の定期戦でまた存分に戦ってください。

結びに、実行委員をはじめ、両校生徒の健闘を讃えて閉会の挨拶とします。

保護者の皆様の理解があってのこと

第六十八回定期戦両校ＰＴＡ懇親会（平成二十六年九月二十六日）

皆様、改めまして今晩は。

本日は第六十八回定期戦、大変お世話になりました。

私は高崎高校の生徒として三回、高崎高校の職員として十一回、前橋高校の職員として三回、合計十七回、この定期戦に関わっています。昨年までで八勝八敗だったのですが、今年負けて八勝九敗になってしまいました。

しかし、勝敗よりも、天候に恵まれ、伝統の定期戦が盛大に開催され、六十八回目の歴史を重ねることができ、こうして、両校のＰＴＡ関係者の懇親会が持たれることをたいへんうれしく思います。

定期戦が開催できるのも、保護者の皆様の理解があってのことです。

センター試験まで四か月を切ったこの時期に、そんな行事をやっていていいのかとか。当日だけでなく、何日も何時間も定期戦に時間を費やしているのを勉強に振り向ければもっと進学実績も上がるのではないかという意見があっても不思議ではないと思いますが、そのような声は全く聞こえてきません。進学も大切だけれども、充実した高校生活のなかで人間性を磨くことも大切だと考えていただいているのだと思います。たいへんありがたく思っています。

結びになりますが、定期戦が来年以降も盛大に開催されること、そして本日の会が楽しい会になりますことを願って挨拶とさせていただきます。

※　両校ＰＴＡ役員の懇親会は、定期戦を終えた晩に開催され、「夜の定期戦」と呼ばれています。

いつでも安心して甲子園に来れる

平成二十六年度関西同窓会総会（平成二十六年十月十七日大阪）

校長の小笠原です。関西同窓会の皆様には、前橋高校に対しまして、多大なるご理解ご支援をいただいておりますことを心よりお礼申し上げます。すばらしい関西同窓会があるので、いつでも安心して甲子園に来れると思っています。野球部はしっかりした活動をしていますので、そう遠くない時期に甲子園出場が実現すると思います。関西同窓会総会には一昨年出席させていただきました。再び出席させていただくことを大変光栄に思っています。

学校の近況を簡単にお話させていただきます。

今年三月の卒業生の状況についてお話します。

三百十六名が卒業しました。今年の卒業生は十一年ぶりに定期戦を勝ち越して卒業したので、大学入試も最後の逆転を期待していたのですが、合格状況は期待に応えることができず、浪人生の援護も少なかったので、週刊誌等をご覧になった方は寂しい思いをされたのではないかと思います。大変ご心配をおかけしました。それでも、今年の卒業生も、総合的に見れば、立派な「前高《まえたか》卒業生」なので、同窓生の仲間に入れていただきたいと思います。

現三年生は、「このままいけば」という状況なので、ご期待に応えられるのではないかと思っています。

浪人もたくさんいるので、来年三月については心強く思っています。

五月の県高校総体では、サッカー（二十二年ぶり二度目）、剣道（五年ぶり六度目）が優勝して総合二位（七年ぶり二度目）になることができました。途中経過で「前高トップ」と新聞に出たので、県内では大きな話題になりました。将棋部、囲碁部も優勝しています。部活動は大変順調です。秋の大会でも、剣道部が優勝、軟式野球部は関東大会出場、サッカー部は正月の選手権大会予選で二次予選から出場します。

定期戦は九月二十六日に高高《たかたか》で開催され、閉会式で結果発表があるまで勝敗が分からない僅差の戦いでしたが、八十八対九十二の四点差で敗れました。負け惜しみになりますが、「ツキ」を残したと思っています。総じて生徒はよくやっています。期待に応えられると思います。

来年三月には、希望者三十名をオックスフォード大学とケンブリッジ大学に連れて行く「オックスブリッジ研修」を実施する予定です。参加生徒には、研修成果を帰国後全校生徒に発表してもらうつもりです。校訓の「気宇雄大」を念頭に置いた取組とご理解いただきたいと思います。

結びになりますが、関西同窓会のますますのご発展と、会員の皆様のご健勝とご活躍をお祈り申し上げますとともに、引き続き、前橋高校に対しまして、ご理解とご支援をたまわりますよう、お願い申し上げまして挨拶とさせていただきます。
※　前橋高校同窓会には、西毛、東毛、赤南、佐波伊勢崎、前橋市役所、京浜、関西等の支部同窓会があります。

修学旅行にあたって

修学旅行ノート（平成二十六年十一月）

高校生活三年間の折り返しの時期に、学校を遠く離れた沖縄に出かけ、日常とは異なる時間を過ごす修学旅行は、さまざまなことを感じ、考える機会になると思います。同時に、今後の高校生活への意欲を喚起する契機にもなると思います。

多くの住民が自決したガマ。一面に広がるさとうきび畑。読谷《よみたん》のどこまでも青い海。瞼に浮かぶ海を覆い尽くすばかりの艦艇。太平洋戦争で米軍が最初に上陸した場所です。私の心に最も強く刻まれた沖縄の光景です。沖縄は現在の日本が置かれた状況を最も端的に表しています。広大な米軍基地、立派な道路や橋、優雅なリゾートホテル、寂れた町並み、中華街に近い町の色、悲惨な地上戦の傷跡、青い海と亜熱帯の樹木、など。皆さんの純粋な心に強く訴えるものがたくさんあると思います。

修学旅行は参加する全員が充実した時間を過ごす権利をもっています。同時に、全員が充実した時間を過ごせるように協力する義務も負っています。参加者全員が充実した時間を共有し、友情を深め、さまざまなことを学び、感じ、考え、笑顔で帰ってきてくれることを何よりも願っています。

※　生徒が作成した旅行ノートの表紙には、沖縄修学旅行復活に感謝してか、校長の似顔絵が使われました。

学校保健の重要性

平成二十六年度学校保健委員会（平成二十六年十二月二日）

本日はお忙しいなか、学校保健委員会にご出席いただきありがとうございます。学校として、保健について十分注意を払い、しっかりした対応をすることは非常に大切なことと考えています。

特に、インフルエンザ等の感染症やアレルギーへの対応は重要であると考えています。

学校医、学校歯科医、学校薬剤師の先生方には、平素より、本校の生徒、職員の健康管理や保健衛生にご指導をいただき、ありがとうございます。本日もよろしくお願い申し上げます。

ＰＴＡ生活保健部の皆さんには、学校保健について日頃からご理解とご支援をいただき、ありがとうございます。本日は、保護者のお立場からご意見をいただきたいと思います。

本日の報告・協議は、平成二十六年度の学校保健計画、定期健康診断結果、生徒保健委員会の調査・研究発表です。よろしくお願いします。

生徒保健委員会の調査・研究は「睡眠と環境・学習についての校内研究」です。アンケート調査の内容を事前に見せてもらいましたが、どんな結果が出るのか、特に、睡眠と成績の関係等についてどんな結果が出るのか、興味深く思っていました。

生徒の皆さんは期末考査のあとで疲れているとは思いますが、頑張って発表してください。皆さんの発表を楽しみにしています。

それでは、限られた時間ですが、よろしくお願いします。

※　学校保健委員会は、学校医、学校歯科医、学校薬剤師、ＰＴＡ役員、校長等関係職員、生徒保健委員が出席して年一回開催されます。

一年間大変お世話になりました

平成二十六年忘年会（平成二十六年十二月十九日前橋テルサ）

皆さん、こんばんは。

ただいまは、きれいな花束をいただき、教育者表彰を祝っていただき、ありがとうございます。花は妻が好きなので、大切に持って帰りたいと思います。

十一月二十八日に、文部科学省で表彰式があって、二時間くらい待って、天皇、皇后両陛下に拝謁し、皇居を見学してきました。

天皇陛下が話される姿を見て、ペーパーを見ながら話しても、威厳のあるなしには影響しないということ。今後は、私も無理をしないでペーパーを見ながら話そうと思いました。

先日の朝会でも申し上げましたが、私が受賞した最大の理由は、高校長協会会長であるということ、高校長協会会長になった理由は前橋高校校長であるということ。そして、前橋高校校長として務めているのは皆さんの協力があってのことと思っています。改めて感謝申し上げます。

さて、今年一年間大変お世話になりました。

今年は、大学入試結果や県高校総体に象徴されるように、前橋高校にとっては起伏の激しい年だったと思います。

いま、このように穏やかに年を終われることをうれしく思っています。これも先生方のご尽力のおかげだと思います。

特に、来年度の大学入試はかなり期待できる状況にあると思います。現三年生が頑張っていますし、浪人生も健闘しています。

勝負はこれからですが、希望をもって、三年生、そして浪人生にもできることを最後までしてやりたいと思っています。

部活動も順調です。サッカー、剣道、囲碁、将棋をはじめ、各部がそれぞれすばらしい成績を上げてくれたと思います。人間的な成長という意味では、成果は計り知れないと思います。来年も期待できると思います。

修学旅行の実施やオックスブリッジ研修の準備でも大変お世話になっています。本校の教育の充実発展につながると思います。

何点か申し上げましたが、先生方のご尽力にもう一度感謝申し上げ、来年平成二十七年が、先生方、生徒、前橋高校にとってすばらしい年になることを願って挨拶とさせていただきます。一年間大変お世話になりました。

○ 三学期

最後まで諦めないこと

平成二十七年度センター試験激励会（平成二十七年一月十六日）

いよいよ明日からセンター試験です。

皆さんは、三年間きちんとした高校生活を送ってきました。他校の生徒には決して負けないと思っています。自信を持って、普段の力を出し切るように頑張ってください。

大切なことは、「最後まで諦めないこと」です。

昔、センター試験の生物で非常に難しい問題が出題されたことがありました。理科のなかで、生物だけ平均点が突出して悪かったので、試験終了後、得点調整が行われました。最も大きいところでは、素点に四〇点くらいプラスする措置が取られたことがありました。

センター試験も、二次試験も、私大の試験も、何が起こるかわかりません。大切なことは最後まで諦めないことです。

先日、皆さんに、慈眼院の「吉祥（たねせん）」（五円玉）を配りました。慈眼院というのは、高崎の白衣観音《びゃくえかんのん》を護持している寺です。慈眼院では毎年、初詣に来た人に「吉祥（たねせん）」を配っています。

慈眼院の住職は小学校から予備校まで十三年間一緒に過ごした私の友人です。そこで、住職に頼んで特別に分けてもらったのが皆さんに配った「吉祥（たねせん）」（五円玉）です。

もちろん、それなりの寄進をして合格祈願の祈祷をしてもらってあります。皆さんと志望大学とがしっかりとした「五円（ごえん）」で結ばれることを願ってのことです。

それでは、皆さんの健闘を祈っています。

※　実際に、平成二十七年度センター試験でも、理科で得点調整が行われました。

全員で対応してください

平成二十四年度第十二回職員会議（平成二十五年二月四日）

これから年度末までの課題等について、四点お話します。

まず、大学入試センター試験についてです。学校全体として、結果は順調でした。二次試験勝負に持ち込めたと思います。先生方のこれまでの指導に感謝するとともに、詰めの指導をお願いします。

二つ目は、卒業式についてです。学校の特徴が象徴的に表れるのが入学式と卒業式だと思います。また、三年生に対しては最後の教育であり、校訓である「質実剛健」「気宇雄大」の精神に則った卒業式にしたい。教職員全員で対応してください。

三つ目は、高校入試についてです。高校入試が信頼されなければその高校の教育は始まらないと思います。公正公平な入試を行いたい。ミスは許されない。点検作業を徹底してください。コンピュータが打ち出すものにもミスはあります。

四つ目は、人事についてです。先生方の希望を含め、必要なことは県教委に伝えてあります。状況に変化が起こった場合はすみやかに校長に申し出てください。校長としては先生方の思いを大切にしたいと考えていますが、最終的には、県教委が全県的な状況を踏まえて決定するということを認識しておいてください。

将来、「大物」が出ることを期待しています

卒業祝賀会（平成二十七年三月二日群馬ロイヤルホテル）

皆さん、こんばんは。

昼間の卒業式に引き続き、たくさんの皆様に祝賀会に参加していただいていることに心より感謝申し上げます。

まず、卒業生の保護者の皆様、お子様のご卒業おめでとうございました。また、三年間にわたり、本校の教育活動にご理解とご協力をいただき、ありがとうございました。今後も引き続き、前高へのご支援をよろしくお願い申し上げます。

ＰＴＡ、母の会役員の皆様には、祝賀会を開催していただき、ありがとうございます。

そして、先生方には、これまで卒業生のために誠心誠意指導していただきありがとうございました。補習、学習合宿、集中学習会、部活動など、県立学校教員としての通常の職務以上のことをしてくれたと思っています。

大学入試はこれから国公立大学の結果が発表になりますが、卒業生はやるべきことはやってきたし、先生方もやるべきことはやってくれたと思っています。結果を楽しみに待ちたいと思います。

式辞でも触れましたが、この学年の生徒は、一年生のころから、記念撮影でも、二年生、三年生を押

しのけて、真ん中に陣取り、堂々としているたくましさがありました。高校総体総合二位に象徴されるように、そのたくましさが良い方に出た三年間だったと思います。私自身、この学年と三年間つきあえたことを幸せに感じていますし、将来、「大物」が出ることを期待しています。そのような予感がします。

結びになりますが、三百二十名の卒業生ひとりひとりの人生が末永く幸多きものであることを願うとともに、ご参会の皆様のますますのご健勝とご多幸をお祈りして挨拶とさせていただきます。

本日は、大変おめでとうございました。楽しい祝賀会になることを願っています。

※　平成二十六年度卒業祝賀会は、約百五十名の保護者が参加して、盛大に行われました。

有意義な研修になることを願っています

Ｏｘｂｒｉｄｇｅ研修第二回保護者説明会（平成二十七年三月六日）

保護者の皆様には、Ｏｘｂｒ:ｉｄｇｅ研修第二回保護者説明会にご出席いただきありがとうございます。三月十八日の出発まで二週間を切りました。三十人という限られた人数での旅立ちですが、前橋高校にとっては、大きな飛躍であると考えています。

参加した生徒が今後の人生に役立つことをたくさん学んでくれること、そして、学校の仲間にたくさんのお土産、（物ではなくて雰囲気や文化など）を持って帰ってくれることを期待しています。

外務省海外安全ホームページの渡航情報によると、イギリスの危険度は無印です。いつの時代でも世界的にはいろんなことがありますが、学校としての実施の可否については、公的な機関の客観的な判断に従っていくしかないと考えています。もちろん、最終的な判断は本人と保護者の皆様でしてください。

有意義な研修になることを願っています。十八日の出発は朝五時で早いのですが、もちろん見送りに来ます。寝坊しないように気をつけます。

※　海外研修には、予定者全員が参加してくれました。

特別な対策は行っていません

平成二十六年度第十三回職員会議（平成二十七年三月十八日）

今年度の大学入試については、県民、保護者等の前橋高校への期待に十分に応える結果が出せたのではないかと思います。先生方の熱心な指導に感謝しています。

マスコミからもなぜ東大合格者が増えたのかという取材がきていますが、「特別な対策は行っていません。開校以来百三十七年の歴史のなかで本校が積み上げてきた教育を信じて誠実に行っただけです。」と格好良く答えています。

ただし、「文系については、地歴の対策を早めてほしいというお願いをし、先生方が添削指導等を熱心に行ってくれた効果が出ているのではないか」と話しました。

※　週刊朝日二〇一五・四・三号に、次のように掲載されました。

【一方、伝統校、前橋の小笠原祐治校長は、今年の進学実績に胸をなでおろす。「医学部志向の生徒が多いとはいえ、昨年の東大合格者は現役一人だけ。県民やOBに『前高どうした』と心配されたので、例年並みの十二人に戻って、ほっとしています。」昨年の不合格者の得点をみると、多くの公立高校の悩みである「地歴の遅れ」が敗因のひとつだったという。「その反省から、地歴の授業速度を速くし、二次向けの添削指導を徹底しました」（小笠原校長）】

一年間ともに過ごしたクラスの仲間とともに

平成二十六年度春季校内競技大会（平成二十七年三月十九日）

生徒の皆さん、おはようございます。

春らしい陽気になり、快晴に恵まれました。現在のクラスも明日の終業式をもって解散します。

今日は、一年間ともに過ごしたクラスの仲間とともに、楽しく、正々堂々と、けがのないようにプレーしてください。

活気のある大会になることを願っています。以上です。

Ⅳ　高校長協会長として

群馬県高等学校長協会は、群馬県内の公立高校、私立高校と県立特別支援学校の校長で組織される任意団体で、研修、情報交換、親睦等を目的としています。会長は会員の互選で選出され、協会を代表して全国高等学校長協会の役員会に出席したり、県内の各種委員会の委員を務めるとともに、関係団体の主催する行事に出席して祝辞を述べたり、それぞれの機関誌へ寄稿したりする機会もたくさんあります。

このように、会長の役割は大きくその職責は重いのですが、会員である校長は、各学校の主宰者、すなわち最高責任者であるので、校長協会の定例会議の挨拶や機関誌への寄稿では、たとえ会長であっても、それぞれの校長先生に失礼がないように特に心がけました。同時に、教育の実践者の代表として、教育の充実発展のために必要と判断することは、保護者、県民、その他の関係者に積極的に働きかけるように努めました。

特に、平成二十六年七月四日ぐんまアリーナで開催された関東地区高等学校PTA連合会大会群馬大会では、四千人を超えるPTA関係者に向かって、優れているところをたくさんもっている日本の教育を否定的に見るのではなく、自分たちがもっている教育力にもっと自信をもって、子どもの教育に当たるべきだと強く訴えました。

連携と協力

高校長協会長就任挨拶（平成二十六年四月十一日）

私のような者がという思い、また、会長の器ではないという思いはありますが、外形的には、県教育委員会や先輩の校長先生方のご配慮で、過去に会長をなさった方と同じような経験をさせていただいてまいりました。その責任を痛感し、微力ですが、務めさせていただきたい、と思います。

本県高校長協会の伝統である、県教育委員会と高校長協会との連携、公立高校と私立高校との協力の精神を大切にしながら、校長先生方とともに、本県の高等学校、中等教育学校、特別支援学校の教育の振興に努めてまいりたいと思いますので、よろしくお願い申し上げます。

※　群馬県高等学校長協会総会で、会長就任が承認されたのを受けての挨拶です。協会の役員は、前年度の正副会長が原案を作成し、総会の承認を経て決定されます。

年金が出なくても

高校長協会歓送迎会（平成二十六年四月十一日）

校長先生方、改めまして、こんばんは。

桜の花もきれいに咲き、穏やかな日々が続いていますが、ご勇退された校長先生方におかれましては、さぞかし、のんびりと爽快な毎日を過ごしていらしゃるのだろうと思っていました。

この三月をもちまして、二十三名の校長先生がご勇退されました。校長協会、高体連、高野連、高文連をはじめ、高校教育関係のそれぞれの組織で、重責を担ってきた校長先生方がほとんどご勇退されました。まさに、高校教育の発展に多大な貢献をされましたことに心より敬意を表しますとともに、校長協会においても大変お世話になりましたことに心より感謝申し上げます。

ご勇退された校長先生方は、退職してもすぐに年金が出ない制度、さらには再任用制度の群馬県での運用がスタートする、画期的な、記念すべき年に退職されました。これから退職を迎える我々はさらに状況が厳しくなるわけですが、まずは、先輩の校長先生方に、年金が出なくても楽しく過ごせるという手本を示していただきたいと思っています。

第二の人生も前途洋々と思いますので、ご健康に留意され、楽しく有意義に過ごされることをお祈り申し上げますとともに、校長協会に対しまして、大所高所からご指導ご支援をたまわりますようお願い申し上げます。

ご勇退された校長先生方に代わりまして、四月一日をもって二十五名の先生方が新たに校長に就任されました。これまでの実績が評価されてのことと思います。心よりお祝い申し上げます。校長は最終責任者、常に最終決断を迫られます。それだけに、校長同士の情報交換、意見交換ができる関係が大切だと思っています。校長協会の最も大きな役割もそのようなことだと思います。何かありましたら、遠慮なく、他の校長先生にお尋ねいただきたいと思います。先生方の活躍を願っております。

結びに、ご勇退された校長先生方の第二の人生が幸多き人生であることをご祈念申し上げますとともに、本日ご参会の先生方のますますのご健勝とご活躍をご祈念申し上げまして挨拶とさせていただきます。ありがとうございました。

※　高校長協会の歓送迎会は、四月に行われる年一回の総会後に開催されます。

校長を支える

平成二十六年度群馬県高等学校全日制教頭・副校長部会総会（平成二十六年四月十七日）

今年度から群馬県高校長協会の会長になった県立前橋高校の小笠原です。本日は、全日制教頭・副校長部会総会が盛大に開催されますことを心よりお祝い申し上げます。

また、日頃、副校長先生、教頭先生には各学校の校長が大変お世話になっています。校長の仕事は決断すること、そして責任を負うことですが、教頭先生・副校長先生に補佐してもらわなければ、校長はその役割を果たすことができません。今後もしっかり校長を支えてください。よろしくお願いします。

さて、せっかくの機会なので、校長の立場から副校長先生、教頭先生にお願いしたいことを二つ述べたいと思います。

まず、一つは、自分が最終責任者だと思って、対策を考え、職員を指導してほしいということです。責任を取るのはどうせ校長だから、このくらいで、まあいいかというような考え方をしないようにしてください。

もう一つは、課題や問題が生じたときには、対策の原案をもって、校長に相談してほしいということです。「このように対応したいと思いますが、どうでしょうか。」という姿勢で、遠慮することなく、校長に提言してください。

「どうしましょうか。」という相談の仕方では、校長の補佐としての役目を果たしていません。自分なりの対策を最後まで考えてみる姿勢が校長になってからも役立つと思います。

そして、クラスのことや部活動のことは、教員にもできるだけ自分なりの対策を最後まで考える姿勢を身につけさせてください。

いわずもがなのことですが、今申し上げたことは前橋高校の副校長、教頭とは関係ありません。

結びに、副校長先生、教頭先生のますますのご健勝とご活躍を祈念するとともに、教頭・副校長部会のますますの発展を願って挨拶とさせていただきます。

ＰＴＡ連合会の影響力

平成二十六年度群馬県高等学校ＰＴＡ連合会（平成二十六年六月六日）

高校総体も終わり、木々の緑も深くなってまいりました。

そのような中で、平成二十六年度群馬県高等学校ＰＴＡ連合会ならびに保護者連絡会の総会がこのように盛大に開催されますことを群馬県高等学校長協会として心よりお慶び申し上げます。

また、各学校のＰＴＡならびにＰＴＡ連合会には、各学校の教育の充実、さらには本県高校教育の充実のために、多大なるご支援、ご協力をいただいておりますことを深く感謝申し上げます。

現在、国会では教育委員会制度を改革する法案が審議されています。教育委員会が教育行政の執行機関であることは継続しながらも、知事や市町村長の教育に対する権限を拡大しようとするものです。知事や市町村長が住民の直接選挙により選ばれることを考えれば、たくさんの会員からなるＰＴＡ連合会の影響力や役割が今まで以上に大きくなると考えてよいのだろうと思います。そのような意味で、ＰＴＡ連合会が意見や要望をまとめ、積極的に活動されることを願っています。

本日の総会におきまして、平成二十五年度の事業報告、決算とともに、平成二十六年度の役員選出、事業計画、予算、活動方針等の決定が行われ、ＰＴＡ連合会としての本年度の活動基盤が確立されますことを願っています。

また、七月には関東地区高等学校ＰＴＡ連合会大会群馬大会が開催されます。ご多忙のなかで、なれない大会運営にかかわっていただくことは気苦労も多く、たいへんなことと思いますが、ＰＴＡ活動に普段の年以上に深くかかわる機会を得られたと思っていただきましてご協力いただきますようお願い申し上げます。校長協会としてもしっかりと協力させていただきたいと思っています。

総会後は、講演会、懇親会も予定されていますので、教育について視野を広げ、学校の垣根を越えて交流を深めていただく機会となりますよう願っています。

結びに、本総会が今後のＰＴＡ活動の発展につながる充実した会となりますことをご期待申し上げますとともに、ご参会の皆様のますますのご健勝とご活躍をご祈念申し上げまして祝辞とさせていただきます。

※　当日は、急用で出席できず、太田高校の高瀬昇校長先生に代読していただきました。

日本の教育力に自信を持つ

関東地区高等学校ＰＴＡ連合会大会群馬大会（平成二十六年七月四日ぐんまアリーナ）

皆さん、こんにちは。ご紹介をいただきました群馬県高等学校長協会の会長を務めております県立前橋高等学校の小笠原祐治と申します。

関東各県から大勢のＰＴＡの代表の皆様をお迎えし、第六十回関東地区高等学校ＰＴＡ連合会大会群馬大会がこのように盛大に開催されますことを、群馬県高等学校長協会を代表して心よりお祝い申し上げます。

また、ＰＴＡの皆様にはいつも各学校の教育活動に多大なるご支援、ご協力をいただいておりますことを心より感謝申し上げます。

現在ブラジルでは四年に一度のサッカーのワールドカップが開催されています。残念ながら日本代表は決勝トーナメントに進むことはできませんでしたが、日本人のサポーターのマナーは世界中から絶賛されました。六月十五日のコートジボアール戦、二対一の僅差、しかも逆転負け。テレビで見ていても何もする気がおこらないくらいがっかりしました。ブラジルまで出かけていった日本人のサポーターの落胆は、たいへんなものだったと思います。しかし、日本人のサポーターは悔しい気持ち、残念な気持ちを抑えて、観客席のゴミを丁寧に集めたようです。その姿が全世界に配信され、各国から大きな賞賛を受けました。

東日本大震災のときに、未曾有の大災害にもかかわらず、モラルを失わない日本人の姿が世界中から高く評価されたことを思い出しました。そして、私はもう一つ身近な出来事を思い出しました。

コートジボアール戦の一週間前、六月六日から八日まで、皆様が今いらっしゃる、この会場「ぐんまアリーナ」で、私が担当している高校剣道の関東大会が開催されました。開催中は、どこの県、どの競技でも同じだと思いますが、県大会で敗れ、関東大会には出場できなかった学校の剣道部員約二百名が補助員として大会運営に協力してくれました。大会期間の三日間、朝早くから夕方遅くまで、出場した選手よりもずっと長い時間、大会が順調に行われるように心を込めて手伝ってくれました。その姿を見て、高校の部活動がもつ教育的役割の幅の広さと大きさを実感しました。同時に、この子たちが日本を背負っていけば、人口が少なくなっても日本は大丈夫だと心強く思いました。

戦いに敗れた悔しい気持ちを抑えて、観客席のゴミ集めをする日本人、大災害に遭って苦しいなかでもモラルを失わない日本人、そのような世界が尊敬のまなざしを向ける日本人を育てたのは、まさしく日本のこのような教育です。今申し上げた部活動は一例ですが、学校、家庭で日々行われている教育が世界から尊敬される日本人を育てているのだと思います。

さらに、国際的な学力調査でも、日本人の学力は、子どもも大人も世界のトップクラスにあります。日本を上回っているのは、上海、香港、シンガポールのようなアジアの特殊な地域、国だけです。そして、日本人の高い学力を育てているのは、日本の学校と家庭です。

確かに、いじめや不登校など、日本の教育も問題を抱えていますし、グローバル化やイノベーションに対応する能力の育成など課題があることは事実です。しかし、だからといって、今申し上げたような、優れているところをたくさんもっている日本の教育を否定的に見る必要はないと思います。そのような意味で、私は、日本の学校や家庭は自分たちがもっている教育力にもっと自信をもって、子どもの教育に当たるべきだと考えています。

以上、多少「手前味噌」のところもあったかもしれませんが、日本の教育について私自身が考えていることを率直に申し上げました。ＰＴＡの皆様の活動にとって参考となることが少しでもあれば幸いです。

結びに、今日、明日の大会が実り多き大会となりますことをご祈念申し上げますとともに、関東地区高等学校ＰＴＡ連合会の益々のご発展と、ご列席の皆様のご健勝とご活躍をご祈念申し上げまして祝辞とさせていただきます。大会開催、おめでとうございます。

※　関東地区高等学校ＰＴＡ連合会大会群馬大会は、約四千名が参加し、一日目の全体会がぐんまアリーナ（前橋市）で、二日目の分科会が伊香保温泉の各ホテル（渋川市）で開催されました。

日本の教育の長所を活かす

日本教育新聞北関東版（平成二十六年七月二十一日）

国際的な学力調査によると、日本人の学力は、子どもも大人も世界のトップクラスにあります。その最も大きな原動力は、小学校、中学校、高校に勤務する大勢の先生方が時間を惜しまず教育に情熱と努力を注いできたことだと思います。日本の先生方は教育についてもっと自信をもってよいし、遠慮しないでもっと発言すべきだと思います。

とかく日本人は、明治維新のときに西欧文明を急激に取り入れて近代化したために、欧米の文化が自分たちの文化よりも優れていると考えてしまう傾向があります。しかし、日本の初等中等教育は間違いなく欧米よりも優れています。確かに、いじめや不登校など、日本の学校も大きな問題を抱えているし、グローバル化やイノベーションに対応する能力の育成など課題があることは事実です。しかし、だからといって、むやみに欧米の教育を取り入れても解決にはならないし、全体としては優れている日本の教育システムを壊してよいということにはなりません。日本ではいつも「教育改革」ということが叫ばれているような気がしますが、現場の先生方の意見をよく聴き、日本の教育の長所を活かす改革であってほしいと思います。

かつて「一億総中流」ということが言われたように、日本人の多くが「自分の生活はそれほど悪くない」という意識をもっていました。実際に、日本の社会は職業や役職が異なっても、経済的な格差がきわめて小さい均質な社会でした。さらに、教育は社会の階層化を緩和する役割を果たしていました。つまり、学校は子どもが家庭状況を乗り越えて社会的に飛躍する可能性を保障していました。一例を挙げれば、中学校では高校受験に備えて校外模擬試験や補習が行われ、塾へ行かなくても学校で勉強していれば能力に応じた高校に進学できるシステムが整っていました。「偏差値批判」のなかで中学校の取組は全国的に禁止されてしまいましたが、本県の高校ではＰＴＡの力で同様のシステムが維持されています。新たに広く許容される土曜授業は、ぜひ家庭の経済格差が子どもの進路に及ぼす影響を弱める方向で活用してほしいと思います。

日本の教育は、伝統的に「読み、書き、算」を中心とした基礎的知識の習得を重視してきましたが、現在は、「考えること、判断すること、表現すること」をより重視しています。バランスの問題なので、そのことを否定するつもりはありませんが、知識を習得することを軽視するのであれば誤りだと思います。なぜなら、そもそも人は知識がなければ考えることはできないし、知識が少なければ考えるレベルは低くなるからです。極論すれば、誤った知識で途方もないことを考えるよりは、すぐに活用できなくても正しい知識を習得している方がずっと役に立つはずです。

現代は時代の変化が激しいから知識は役に立たないと言う人もいますが、正しくないと思います。現代の文化は、人類が気の遠くなるような長い年月をかけて作り上げてきたものです。そこに込められた英知を地道に学ばなければ、文化の発展に貢献することなどできません。私の高校では、教育目標の一つとして、「知識を充実させ、思考力、判断力、表現力を伸ばす」という目標を掲げ、知識の習得が基盤であることを示しています。

教育のあり方は「国のかたち」に大きくかかわります。そして、日本の教育は伝統的にたくさんの長所をもっています。われわれ教育に携わる者は新たなことに取り組むだけでなく、その長所を活かしていくことが大切だと考えています。

※　日本教育新聞社の依頼を受けて執筆しました。

自分の進路は自分で決める

上毛新聞（平成二十六年七月）

高校生の皆さんは進路について悩むことが多いと思いますが、それは皆さんがそれだけ大きな可能性を持っているということです。

自分の人生をどう生きるか、簡単に答えは出ないと思いますが、考えられるところまで考えてみてください。考えるためには情報が必要ですが、職場や大学を実際に見て学び、感じることが大切です。

どの道を選ぼうとも、人生は良いことばかりではありません。必ず苦しいことやつらいことがあります。そのとき、その苦しさやつらさに耐えて努力を続けるためには、その道が自ら真剣に考えて選んだものであることが必要です。もちろん、親身になって皆さんのことを考えてくれるご家族やたくさんの経験を持つ先生方のアドバイスには十分耳を傾けるべきですが、最終的な決断はあくまで自らの意志で行うことが大切だと思います。

※　上毛新聞社の依頼を受けて、同社主催の進路説明会を広報する紙面に寄せたものです。

決断が校長として一番大きな仕事

十月定例校長会（平成二十六年十月八日）

皆さん、こんにちは。

公務ご多忙にもかかわらず、県教育委員会事務局から、鵜生川《うぶかわ》高校教育課長さん、高橋健康体育課長さんをはじめ、幹部の皆さんにご出席いただき、ありがとうございます。

先日の台風については、休校の学校、平常どおりの学校、対応が分かれたようですが、当然のことと思います。それぞれの学校のことを考えて、それぞれの校長が決定していけばよいのだと思います。今回のような決断が校長としては一番大きな仕事のような気がします。

県教育委員会でも人事や予算が本格化する忙しい時期になったものと思います。学校人事課には、ぜひたくさんの教員定数を確保してもらいたいと思います。高校教育課には、ぜひたくさんの予算を確保してもらいたいと思います。資料作りに必要な協力は喜んでさせてもらいますので、よろしくお願いします。

学校も来年度の準備を始める時期になりました。学校が準備すべきこと、行うべきことは多岐にわたるので、時に複数のことが対立し、悩むことがあります。そのようなとき、私は二つのことを考えています。

一つは原点に帰るということ。学校は生徒のためにあるということに遡って考えてみるようにしています。

もう一つは説明責任です。そのような選択をして、その理由を生徒や保護者、同窓会、県民に説明できるかということを考えるようにしています。

教育委員会制度が来年度から変わります。「総合教育会議」という知事部局と県教育委員会との教育に関する会議も始まるようです。学校は毅然とした態度で正々堂々と教育を進めていくことが大切だと思います。そのためにも、来年度に向けての計画作りが大切になると思います。

本日は、校長会終了後、研修会（講演会）があります。校長会と合わせてよろしくお願いします。

※　定例校長会は、年に九回開催され、教育委員会事務局から関係課長等が出席し指示伝達を行うとともに、校長協会自体の案件についての協議が行われます。会長は冒頭で挨拶を述べます。

学校は生徒のためにある

平成二十六年度群馬県高等学校ＰＴＡ指導者研究集会（平成二十六年十一月七日）

皆様、こんにちは。ご紹介をいただきました群馬県高等学校長協会の会長を務めております県立前橋高等学校の小笠原と申します。

本日は、日頃各学校のＰＴＡで中心となって活躍されている皆様にこのように大勢ご参加いただき、平成二十六年度群馬県高等学校ＰＴＡ指導者研究集会が盛大に開催されますことを、群馬県高等学校長協会を代表して心よりお祝い申し上げます。また、ＰＴＡの皆様には各学校の教育活動に多大なるご支援、ご協力をいただいておりますことを心より感謝申し上げます。

特に、ただいま表彰状、感謝状をお受けになられた皆様には通常のＰＴＡ活動とともに、関東高等学校ＰＴＡ連合会大会でも、大変お世話になりました。お祝い申し上げますとともに、心より感謝申し上げます。ありがとうございました。

さて、学校では、この時期になってまいりますと、本年度のこととともに、次年度に向けての検討や準備が本格化します。つまり、学校のあり方を考える機会が多くなります。そのようなとき、私が大切にしていることは、「学校は生徒のためにあるのであって、学校のために生徒がいるのではない。」ということです。言い換えれば、「生徒が主役」ということです。ほとんどの場合は、「学校のため」という目的と、「生徒のため」という目的は一致しているので問題にならないのですが、ときには両者が相反していることがあります。そのときには、「生徒のため」になるように学校を変えなければならないと思っています。学校のために生徒を変えるのでは本末転倒です。

保護者アンケート等も各学校で行われると思いますが、保護者の皆様には、お子さんの話を聞いていただいたり、時には学校の様子を直接見ていただいたり、地域での評判を聞いていただいたりして、学校に対するご意見、ご要望を率直にお伝えいただきたいと思います。保護者の皆様にも一緒に考えていただくことが各学校の教育の充実につながると思います。特に、お子さんの生命や安全に関わることについては、慎重にお考えいただきたいと思います。

本日は、この開会式の後、桂春蝶氏の記念講演「明日ある君へ～知覧特攻物語～」があります。先の大戦における悲惨な出来事、「特攻」のことを私たちは決して忘れてはならないと思います。

午後は、四つのテーマについての研究協議があります。提案校の皆様には大変お世話になります。各学校の教育のあり方、PTAのあり方を考える大切な機会になると思います。

結びに、今日の研究集会が実り多きものとなりますことをご祈念申し上げますとともに、群馬県高等学校PTA連合会の益々のご発展と、PTA指導者の皆様のご健勝とご活躍をご祈念申し上げまして祝辞とさせていただきます。本日は、大変おめでとうございます。

※　PTAの指導者研究集会は、毎年秋に開催され、高校長協会長は祝辞を述べます。

世界が絶賛した日本人のマナー

日本教育会群馬支部会報『ぐんま』（平成二十六年十一月一日）

ブラジルでサッカーのワールドカップが開催されました。残念ながら日本は予選リーグで敗れ、決勝トーナメントに進むことはできませんでした。しかし、日本人サポーターのマナーは世界中から絶賛されました。六月十五日のコートジボアール戦、二対一の僅差、しかも逆転負け。テレビで見ていてもたいへんがっかりしました。ブラジルまで出かけて行った熱心なサポーターの落胆は、たいへんなものだったと思います。しかし、日本人サポーターは悔しい気持ち、残念な気持ちを抑えて、観客席のゴミを丁寧に集めたようです。その姿が全世界に配信され、各国から大きな賞賛を受けました。

東日本大震災のときに、未曾有の大災害にもかかわらず、モラルを失わない日本人の姿が世界中から高く評価されたことを思い出します。

コートジボアール戦の一週間前、六月六日から八日まで、ぐんまアリーナで、私が担当している高校剣道の関東大会が開催されました。開催中は、どこの県、どの競技でも同じだと思いますが、県大会で敗れ、関東大会には出場できなかった学校の剣道部員約二百名が補助員として大会運営に協力してくれました。大会期間の三日間、朝早くから夕方遅くまで、出場した選手よりもずっと長い時間、大会が順調に行われるように心を込めて手伝ってくれました。その姿を見て、高校の部活動がもつ教育的役割の幅の広さと大きさを実感しました。同時に、この子たちが日本を背負っていけば、人口が少なくなっても日本は大丈夫だと心強く思いました。

戦いに敗れた悔しい気持ちを抑えて、観客席のゴミ集めをする日本人、大災害に遭って苦しいなかでもモラルを失わない日本人、そのような世界が尊敬のまなざしを向ける日本人を育てたのは、まさしく日本のこのような教育です。いじめや不登校のように軽視できない状況があることは確かですが、日本の学校、家庭で現在日々行われている教育が世界から尊敬される日本人を育てていることも紛れのない事実です。

中央教育審議会では、次の学習指導要領において、小中学校の道徳の時間を教科にすることが検討されているようです。「人間としてどう生きるべきか」について考える姿勢を育てる教育を充実させることは良いことだと思います。しかし、現在日本の学校で行われている教育、特に特別活動や部活動が高いモラルを育てる機能をもっていることも踏まえて道徳教育のあり方を考えていくことが大切だと思います。

※　日本教育会は、日本の教育の向上、発展に寄与することを目的とする公益社団法人です。

地道な取材を重ねて

平成二十六年度群馬県高校新聞コンクール講評（平成二十六年十一月）

どの学校の新聞にも努力の跡がたくさん見られ好感を持ちました。

新聞作りの基礎は取材にあると思います。現場に出かけ、生の目で見たり、写真に撮ったり、関係者の話を聞いたりして、記事を書くのに必要な素材をできるだけたくさん集めなければなりません。手間暇のかかる地道な作業ですが、新聞の優劣を左右します。

取材がしっかりしていれば、事実を伝え、問題を提起し、主張を展開する記事を書いたり、目を引く紙面になるように編集したりするのは、達成感が味わえる楽しい作業になります。

勉強でも、地道に努力して基礎的な知識を十分に習得していれば、考えたり、表現したりする活動を意欲的に行うことができるのと同じです。

今後も地道な取材を重ねて魅力ある新聞を発行することを期待します。

※　この講評は、上毛新聞（新聞コンクール主催）に掲載されました。

自信をもって教育にあたる

平成二十六年度関東地区高等学校教頭・副校長会研究協議会（平成二十六年十二月五日）

皆さん、おはようございます。ただいま、ご紹介いただきました群馬県高等学校長協会の会長を務めております県立前橋高等学校の小笠原と申します。

本日は、関東各都県から群馬県まで、大勢の教頭先生・副校長先生にお越しいただき、平成二十六年度関東地区高等学校教頭・副校長会研究協議会が盛大に開催されますことを、群馬県高等学校長協会を代表して心よりお祝い申し上げます。

ご存じのとおり、群馬県は今年、富岡製糸場が世界遺産に登録され、活気づいております。また、つい最近では、ゆるキャラグランプリで、「グンマちゃん」が全国一位になって、その祝賀会も開催されました。群馬の知名度もかなり上がりつつあるのではないかと期待しています。

さらに、来年のＮＨＫ大河ドラマで、幕末の志士吉田松陰の妹文《ふみ》を主人公とする「花燃ゆ」が放映されるそうです。文の目を通して幕末から明治に活躍した幾多の群像を描くのがドラマの主題だそうですが、文の夫、つまり吉田松蔭の義理の弟が初代の群馬県令（群馬県知事）、楫取素彦《かとりもとひこ》です。前橋市もドラマの舞台の一つとなるということで、町中に「花燃ゆ」の幟が立てられ盛り上がっています。

ありがたいことに、まさにこのような時期に、高校教育関係でも、大きな大会が群馬県で開催されます。今年は、七月に関東高等学校ＰＴＡ連合会大会、本日は関東地区高等学校教頭・副校長会研究協議会が開催され、来年は十月に関東地区代表高等学校長研究協議会、全国高等学校農業クラブ大会が開催されます。

本日お越しの副校長先生、教頭先生には、来年は関東地区代表高等学校長研究協議会にお越しいただければ幸いです。伊香保温泉での開催を予定しています。

さて、副校長先生、教頭先生には、各学校の教育活動の充実のために、時間を惜しまず、誠心誠意仕事をしていただいていることに、敬意を表しますとともに、心より感謝申し上げます。

今年ブラジルで行われたサッカーのワールドカップでは、試合に敗れたにもかかわらず、観客席のゴミを丁寧に集めた日本人サポーターのマナーが世界中から絶賛されました。身近な部活動でも、大会に出場できない生徒が出場する選手よりもずっと長い時間、大会運営の補助をしている姿はよく見かけます。日本の学校は、学習とともに部活動や学校行事などの教育活動にも力を入れ、先生方も献身的に取り組んでいます。そのことが「我慢、奉仕、協力、感謝」など、人間として大切な心や態度を育てるのに大きく役立っていると思います。

また、国際的な学力調査によると、日本人の学力は、子どもも大人も世界のトップクラスにあります。このことを当たり前のように思っている日本人が多いのですが、小学校、中学校、高校などに勤務する大勢の先生方が時間を惜しまず、教育に熱い情熱と献身的な努力を注いでいることを忘れてはならないと思います。

確かに、いじめや不登校など、日本の学校も大きな問題を抱えているし、グローバル化やイノベーションに対応する能力の育成など課題があることは事実です。しかし、だからといって、人間形成、学力形成のいずれにおいても優れている日本の教育を正しく評価することなく、その充実をはかることができるはずもありません。

私たちはもっと自信をもって教育に当たってよいのではないかと私は思っています。

副校長先生、教頭先生には、まず、教職員の献身的な努力を理解していただき、あたたかいねぎらいのことばをかけていただくことが大切なのではないかと思います。

いわずもがなのことを申し上げたかもしれませんが、参考としていただけることがあれば幸いです。

結びに、今日の研究集会が実り多きものとなりますことをご祈念申し上げますとともに、関東地区高等学校教頭・副校長会の益々のご発展と、ご出席の皆様のご健勝とご活躍をご祈念申し上げまして祝辞とさせていただきます。

本日は、大変おめでとうございます。

医師として活躍してもらいたい

群馬県内高等学校医学部医学科セミナー（平成二十六年十二月十三日群馬大学医学部）

皆さん、おはようございます。前橋高校の小笠原です。「２０１４群馬県内高等学校医学部医学科セミナー」の開催に当たり、主催者である群馬県高等学校長協会の会長として挨拶させていただきます。

まず、本セミナーの開催に当たり、全面的にご支援ご協力いただいている、和泉孝志《いずみたかし》群馬大学医学部長様、松﨑利行《まつざきとしゆき》群馬大学医学部入試委員会医学科部会長様をはじめ、群馬大学医学部の皆様に心より感謝申し上げます。

また、歌代昌文様をはじめ、群馬県の医師確保に取り組んでいる群馬県医務課医師確保対策室の皆様にも心より感謝申し上げます。

さて、生徒の皆さん。今日は県内各地から医学部医学科を志望する十五校五十九名がこのセミナーに参加してくれました。たくさんの皆さんが参加してくれたことをたいへんうれしく思っています。

このセミナーの目的は、「県内の医学部医学科志望者への情報提供と相互交流を通して、地域医療の発展に寄与するべく、県内の医学科受験者・合格者の増加を図る」ということです。端的に申し上げれば、「一人でも多くのみなさんに医学部医学科に進学してもらい、医師として活躍してもらいたい、特に群馬県内で医師として活躍してもらいたい」ということです。

医師は社会的な評価が高く、なりたいと考える生徒はたくさんいます。しかし、大学の医学部医学科、特に国公立大学の医学部医学科に合格するのはたいへんむずかしく、各学校のトップクラスでないと合格できません。そのため、途中で断念してしまう人もたくさんいます。

私たち関係者は、県内の一人でも多くの高校生に医師になる気持ちを大切にして努力を継続してほしいと願っています。そして、医療の充実、特に地元群馬県の医療の充実に貢献してほしいと思っています。

本日のセミナーでは、午前は、地域医療について研究されている鎌田英男先生の講演、医学部を卒業してまもない初期臨床医の先生方の体験談をお聴きします。医療の課題、医師という仕事のやりがいや魅力、苦労や大変さなどについて理解する機会にしてほしいと思います。

午後は、県内の高校から群馬大学医学部医学科に進学し、現在在学している先輩の皆さんに参加してもらい、座談会や生徒間の交流会を行います。医学部の魅力を聴いたり、受験に関するアドバイスをもらったり、生徒間で悩みや苦労を共有したりして、今後の励みとする機会にしてほしいと思います。

今日一日を通して、多くの生徒の皆さんが厳しい道ではあるけれども、努力して医学部医学科を目指そうという気持ちをいっそう強くしてくれることを願っています。

それでは、ご指導いただく先生方、医学部医学科在学生の皆さんにもう一度感謝申し上げ、本日が参加した生徒の皆さんにとって有意義な一日になることを願って、挨拶とさせていただきます。

※　平成二十五年度から、群馬県高等学校長協会の主催で、群馬県内の高校生を対象とした「東大セミナー」と「医学部医学科セミナー」を同日開催しています。

職員一人一人のモラルと質の高さ

第三十五回公立高等学校事務職員研究発表大会（平成二十七年一月三十日）

本日は第三十五回公立高等学校事務職員研究発表大会がこのように盛大に開催されますことをお祝い申し上げます。

また、事務職員の皆様には、各学校の教育に学校事務の立場から多大な貢献をされていますことに深く敬意を表しますとともに、校長協会を代表して心より感謝申し上げます。

さて、本日の大会要項を見せていただきますと、多くの事務職員の皆様がそれぞれの学校の事務室で日常の業務に全力で取り組み、効率性や安全性等の改善について研究されていることがわかります。私は昔本で読んだ「トヨタ生産方式」を思い出しました。

トヨタ自動車は世界で最も有力な企業の一つと言われていますが、その原動力は現場の「カイゼン」活動と言われています。経営者から指示されるのを待つのではなく、それぞれの職員がそれぞれの職場で身近な課題について工夫してボトムアップで改善していく取り組みを全社で行っているそうです。職員一人一人のモラルと質の高さは世界の他の企業には真似ができないそうです。

群馬県の公立高等学校の事務職員も同じではないかと思います。もちろん、公務員なので、営業利益を上げることはできませんが、学校教育の充実に資するものは大変大きいと思います。

母親が日本人でドイツの学校で学んでいる生徒が昨年三週間ほど前橋高校に体験入学しました。その母親が前橋高校の早朝補習、土曜学習、部活動、遠足、高崎高校との定期戦、研修旅行などの教育活動について、ドイツの学校と比較し、次のように述べていました。「ドイツの学校は朝は八時には始業するので早いのですが、終わりも早いです。子どもの通う学校は十四時三十五分にはすべての授業が終わり、生徒は帰宅します。…前高《まえたか》の保護者の方々にはぜひ、学習面、社会面、職業選択の面などの多岐にわたってこのように手厚く面倒をみてくれるのは、実は当たり前ではないということを知っていただきたいです。もしかしたら、見方が変わるかもしれません。」

教員は手続きやお金のことを苦手としているので、教員がこれらの教育活動に力を傾注できるように支えてくれているのは事務職員の皆様です。

その成果は、国際学力調査で示された日本人の子ども・大人の学力の高さや、災害等が起こったときの我慢強く公共性を失わないモラルの高さとなって表れています。大変感謝しています。

結びに、本日の研究発表大会が充実した大会となりますことをご祈念申し上げまして挨拶とさせていただきます。本日はおめでとうございます。

感謝の気持ちでいっぱい

教育者表彰祝賀会（平成二十七年二月四日）

本日は、このように盛大に教育者表彰の祝賀会を開催していただき、たいへんありがとうございます。年度末の忙しい時期に、県教育委員会の皆様、校長先生方に大勢ご臨席いただいていますことを申し訳なく思いますとともにたいへん感謝しています。

また、ただいまは、尾池校長先生、吉野教育長様から過分なお言葉をいただき、たいへん恐縮しております。

さらに、このようにすばらしい記念品と花束をいただき、たいへんありがとうございます。

今回、群馬県で受賞したのは、小学校長会、中学校長会、高等学校長協会の三人の会長でした。そのことからも、私が県高等学校長協会の会長をしているということが受賞の最大の理由だと思っています。当然のことながら、校長でなければ、そして校長協会の会長でなければ、受賞していなかったはずです。そのように考えますと、私を校長に任命していただいた県教育委員会、私を校長として支えてくれている学校の教職員、生徒、ＰＴＡ、そして、何よりも校長協会の会長を務めさせてくれている校長先生方のおかげで受賞できたのだと思っています。大勢の方々に支えられていることをありがたく思うとともに感謝の気持ちでいっぱいです。

表彰について簡潔に紹介させていただきます。十一月二十八日に文部科学省で表彰式に出席し、その後二時間くらい待って皇居に参内し、天皇・皇后両陛下に拝謁し、天皇陛下からお言葉をいただき、皇居を見学させてもらいました。

短いお言葉だったですが、天皇陛下は間違わないように、紙を見ながら一語ずつ丁寧に話されました。入学式や卒業式ではそのように話すほうがいいのかもしれないと思いました。

皇居は、思っていたよりもずっと広いということ、自然が豊かで質素だということが印象に残りました。

今後は、感謝の気持ちを忘れずに、高校教育の発展のために、自分にできることを、自分の損得をあまり考えないで、誠実に行っていきたいと考えています。

もう一度皆様のご厚情に深く感謝申し上げましてお礼のことばとさせていただきます。

たいへんありがとうございます。

※ 祝賀会は、群馬県高等学校長協会の尾池校長先生をはじめとする副会長の校長先生方が発起人となり開催してくれました。当日は、吉野教育長様をはじめ群馬県教育委員会事務局の皆様、並びに校長協会会員の皆様が多数参加してくれました。

実践している人たちの意見を大切にする

「二一世紀ぐんま教育賞」表彰式（平成二十七年二月十二日）

第十二回「二一世紀ぐんま教育賞」の表彰式が本日このように盛大に挙行されますことを、群馬県高等学校長協会を代表して、心よりお慶び申し上げます。

現在、国では教育再生実行会議や中央教育審議会等において教育のあり方が検討されていますが、教育について検討する場合には、日頃子どもたちと接し、教育を実践している人たちの経験や意見を大切にしていくことがきわめて重要であると思います。そのような意味で、群馬県総合教育センターが「二一世紀ぐんま教育賞」を設け、教育を実践している教職員や県民が発表する機会を確保し、優れた取組を顕彰していることはたいへん意義深いことと拝察いたします。

さて、ただいま、「みやま未来賞」、「杉の子賞」の最優秀賞、優秀賞、奨励賞を受賞された皆様、大変おめでとうございます。心よりお祝いを申し上げます。

「みやま未来賞」を受賞された皆様は、教職員を退職された方、これから教職員になろうとする方もいらっしゃいますが、学校の教職員としてではなく、一般県民の立場で教育に関わっていただいている方々です。教育の充実のためには学校、家庭、地域の連携が必要不可欠です。子どもが成長するためには放課後や休日を有意義に活用する必要があります。また、学校の授業や行事を充実させるためには、さまざまな能力や経験をもっている学校外の方々に支援していただいく必要があります。そのような意味で、「みやま未来賞」を受賞された皆様の実践や発表は大変意義深いものだと思います。皆様がこのような実践を継続され、さらに充実されますようお願い申し上げますとともに、皆様の取組がさらに多くの人々に広がっていくことを期待しています。

「杉の子賞」を受賞された皆様は、学校の教職員として、教育や事務に日々取り組んでいただくなかで、課題を見つけ、その解決に向けて工夫を凝らしたさまざまな取組をされている方々です。皆様に取り上げていただいたテーマは、地域や産業界と連携した体験的学習、言語活動の充実、教職員の多忙化解消、ＩＣＴの活用など、まさに学校が取り組むべき重要な課題です。課題解決のためには、学校外の有識者の提言等も受けとめなければなりませんが、何よりも教職員一人一人が日々の実践を積み上げ、その成果を共有していくことが大切であると考えます。そのような意味で、「杉の子賞」を受賞された皆様の実践や発表も大変意義深いものだと思います。皆様がされてきたような取組がそれぞれの学校で活発に行われることを願っています。

結びになりますが、本日受賞された皆様が、今後もご健康に留意され、教育の充実のために、引き続き活躍されますことをお祈り申し上げまして、お祝いの言葉とさせていただきます。

「世界で最も勤勉」な日本の教員

群馬県教育振興会報『群馬教育振興』第八七号（平成二十七年二月十日）

将棋の羽生善治名人が『大局観』という本を書いています。私も将棋や囲碁を少しやりますが、現在の形勢が全体として優勢なのか、劣勢なのかを見分けることは大変むずかしいものです。しかし、その形勢判断ができないと、優勢なのに無理をして勝ちを逃してしまったり、劣勢なのに逆転の手段を講じないでそのまま負けてしまうことになります。

現在の日本の教育を「大局観」でもってながめたらどうでしょうか。

昨年ブラジルで行われたサッカーのワールドカップでは、試合に敗れた悔しい気持ちを抑えて、観客席のゴミを丁寧に集めた日本人サポーターのマナーが世界中から絶賛されました。東日本大震災のときにも、未曾有の大災害にもかかわらず、モラルを失わない日本人の姿は世界中から高く評価されました。日本の学校は、学習とともに部活動や学校行事などの教育活動にも力を入れ、大勢の教職員が献身的に取り組んでいます。そのことが「我慢、奉仕、協力、感謝」など、人間として大切な心や態度を育てるのに大きく役立っています。

また、国際的な学力調査によると、日本人の学力は、子どもも大人も世界のトップクラスにあります。このことを当たり前のように思っている日本人が多いのですが、小学校、中学校、高校などに勤務する大勢の教職員が時間を惜しまず、教育に熱い情熱と献身的な努力を注いでいることを忘れてはならないと思います。日本の中学校教員の「通常の一週間」の「仕事時間の合計」は調査参加国平均三八・三時間に対し、五三・九時間で最も長いという調査結果がこのことを裏づけています。

日本の学校も、いじめや不登校など大きな問題を抱えていますし、グローバル化やイノベーションに対応する能力の育成などいろいろな課題があることも事実です。しかし、大局的にみれば、人間形成、学力形成のいずれにおいても優れている日本の教育を正しく認識し、その原動力となっている、「世界で最も勤勉」な日本の教員をあたたかく支えていくことが何よりも大切だと私は考えています。

※　群馬県教育振興会は、群馬県の教育の振興充実に寄与することを目的とする一般財団法人で、県内の教育団体が多数参加しています。

日本の教育を正しく評価する

平成二十六年度群馬県高等学校長協会誌『松韻』（平成二十七年三月三十一日）

平成二十六年度も終わろうとしていますが、この一年間、群馬県高等学校長協会の会長を務めさせていただいたことをたいへん光栄に思いますとともに、ご指導をいただきました県教育委員会の皆様、ご協力をいただきました会員の皆様、並びにご支援をいただきました多くの関係者の皆様に心より感謝申し上げます。

そして、今年度末をもって退職される校長先生方には、本会誌に随想を寄稿していただいていますが、長年にわたるご労苦とご功績に心より敬意を表しますとともに感謝申し上げます。

さて、昨年ブラジルで行われたサッカーのワールドカップでは、試合に敗れた悔しい気持ち、残念な気持ちを抑えて、観客席のゴミを丁寧に集めた日本人サポーターのマナーが世界中から絶賛されました。身近な部活動でも、大会に出場できない生徒が出場する選手よりもずっと長い時間、大会運営の補助をしている姿はよく見かけます。日本の学校は、学習とともに部活動や学校行事などの教育活動にも力を入れ、先生方も献身的に取り組んでいます。そのことが「我慢、奉仕、協力、感謝」など、人間として大切な心や態度を育てるのに大きく役立っていると思います。

また、国際的な学力調査によると、日本人の学力は、子どもも大人も世界のトップクラスにあります。

このことを当たり前のように思っている日本人が多いのですが、小学校、中学校、高校などに勤務する大勢の先生方が時間を惜しまず、教育に熱い情熱と献身的な努力を注いでいることを忘れてはならないと思います。

母親が日本人でドイツの学校で学んでいる生徒が昨年三週間ほど前橋高校に体験入学しました。その母親が前橋高校の早朝補習、土曜学習、部活動、遠足、高崎高校との定期戦、研修旅行などの教育活動について、ドイツの学校と比較し、次のように述べていました。「ドイツの学校は朝は八時には始業するので早いのですが、終わりも早いです。子どもの通う学校は十四時三十五分にはすべての授業が終わり、生徒は帰宅します。…前高《まえたか》の保護者の方々にはぜひ、学習面、社会面、職業選択の面などの多岐にわたってこのように手厚く面倒をみてくれるのは、実は当たり前ではないということを知っていただきたいです。もしかしたら、見方が変わるかもしれません。」

私がまだ若い頃、教員のあり方として「当たり前のことを当たり前に」という言い方をする校長先生がいて大変反発を感じたのを思い出します。当時の私も今の先生方と同じように、早朝も、放課後も、休日も勤務時間を大きく超えて生徒を指導していました。教育者としての意識が高い校長先生だったので、「当たり前」のレベルが高かったのだと思いますが、至らない私は校長先生のような境地には立てないで、こんなに努力しているのに「当たり前」というひと言ではやりきれないと不満に思いました。そんなこともあったので、私は、先生方に対しては、「ご苦労様」ではなく、「ありがとう」という気持ちで接しています。

高等学校長協会長はいろいろな場で発言する機会をいただきます。私は、大勢の先生方が国際常識を超えた情熱と努力を教育に注いでいることを丁寧に訴えていきたいと思います。

改正地方教育行政法の施行により、平成二十七年度から「総合教育会議」が設置され、教科書採択や教職員人事などの「教育の政治的中立性」に関わる部分を除き、首長と教育委員会が協議して教育行政の基本方針を決めることになります。特に、学校配置や教職員定数、学校運営予算については、首長及び首長部局が当事者として教育委員会とともに責任を負うということであり、教育界にとっては連絡調整に労力は必要ですが、今までは解決することが難しかった課題を解決するチャンスが訪れたと思っています。

それだけに、校長は関係者に対して、学校の現状を丁寧に説明し、具体的に要望を訴えていくことが今まで以上に必要になると思います。教育委員会は多くを語らなくても、「阿吽の呼吸」で学校を理解し、出来る限りの対応をしてくれました。しかし、知事及び知事部局は行政の守備範囲が広いので、こちらから相当の努力をしないと、学校や教育のことを理解し、学校が望むような対応はしてくれないと思います。

さらに、たくさんの会員からなるＰＴＡやＰＴＡ連合会の影響力や役割が今まで以上に大きくなると思います。それだけに、校長は各学校のＰＴＡに対して、学校の現状や課題を丁寧に説明し、学校の要望が実現するように応援してもらうことが大切だと思います。

現在、国では教育再生実行会議や中央教育審議会において教育改革が検討されています。その議論を聞くについても、私自身を含め、日本の教育に携わる者は自分たちの行っている教育の真価を理解してもらう努力が足りなかったのではないかと残念に思います。確かに、いじめや不登校など、日本の学校も大きな問題を抱えているし、グローバル化やイノベーションに対応する能力の育成など課題があることは事実です。しかし、だからといって、人間形成、学力形成のいずれにおいても優れている日本の教育を正しく評価することなく、その充実をはかることができるはずもありません。私はこのことを微力ながらも訴えていきたいと思っています。

※『松韻』は、年度末に発刊され、「退職校長の随想」、「協会の活動記録」等が掲載されます。

V　その後

前橋高校の校長は、定年退職までそのまま務めるのが通例で、私が新制高校二十人目の校長ですが、定年退職でなく転任した校長は私以前には一人しかいません。通例どおりなら、私は前橋高校の校長を六年間務められるはずでした。おそらくそうなるだろうと思っていましたが、六年間は長いので果たしてそううまくいくかという気持ちもありました。

結果的には、前橋高校の校長を三年間務めた後、伊勢崎市にある群馬県総合教育センターの所長に転任しました。総合教育センターは、教職員の研修、教育に関する調査研究、教育活動支援、教育相談等を行う施設であり、教育委員会事務局の組織の一つですが、学校に密着して教育のあり方を具体的に研究し、指導する役目を負っており、やりがいを感じて仕事をすることができました。

総合教育センターも一年で転任になり、教育委員会事務局の指導担当教育次長になりました。教育次長は教育長直属の補佐役で、教育長の代理として挨拶を述べたり、各課の施策を検討する「教育長協議」において意見を述べることが仕事でした。私が仕えた笠原《かさはら》寛《ひろし》教育長は行政出身で、人格識見ともに大変立派な方でした。学校現場の経験をもつ者として、言いにくいことでもきちんと意見を述べることを心がけました。そのように振る舞うことができたのは、笠原教育長が寛容でどんな意見にも丁寧に耳を傾けてくれるお人柄であったからです。職員の皆さんには、原案をそのまま承認することがほとんどなかったので、相当の迷惑をかけたのではないかと思っています。

県の職制上は、教育次長や総合教育センター所長の方が上位なのだと思いますが、私は、二つの職を務めながらも、前橋高校の校長であったということが、常に心の中にあり、自分を励まし律していました。

一　総合教育センター所長時代

新規採用教職員に期待すること

初任者研修講話（平成二十七年四月十四日）

総合教育センター所長の小笠原です。

新規採用教職員の初任者研修で、最初に話す機会を与えられたことを光栄に思っています。

四月一日の辞令交付式では、壇上から皆さんの様子を見ていましたが、新たな気持ちで新しい仕事のスタートを切ろうという意欲が感じられ、たいへん好感をもちました。地公臨や臨時職員として勤務していた人はそれほどではないと思いますが、三月まで学生だった人は毎日出勤して八時間弱勤務するのは馴れるまで大変だと思います。心身の健康に気をつけてください。

まず、自己紹介をします。

私は、昭和五十六年四月（今から三十四年前）に、県立吉井高校の教諭（教科は国語）として採用されました。吉井高校は、当時は新設間もない時期で、後に全県的な立場で活躍する先生方がたくさんいて、若手教員も多く、活気のある学校でした。素朴な生徒が多く、生徒に教えられることもたくさんありました。吉井高校には五年間勤務しましたが、教員としての基礎はこの時期に身に付けることができたと思います。

昭和六十一年には、県立高崎高校に異動して十一年務めました。自分の母校でもあり、授業、部活動、学級担任に精一杯取り組みました。特に、群馬県の現役大学進学率が全国最下位で問題になっている時期でもあり、進学指導に夢中で取り組みました。

平成九年には、県教育委員会の学校人事課に異動し、十一年務めました。学校人事課は、教職員の採用、人事異動、勤務管理等を扱う課です。長年人事に携わり、一つの人事は多くの関係者、多くの条件の中で決まるので、特定の人だけで決めることはできない、まさに「天命」のようなものということを学びました。

平成二十年には、県立渋川女子高校の校長になりました。誠実素朴で優しい生徒の多い学校で、大きな問題もなく、楽しく三年間過ごしました。

平成二十三年には、再び県教育委員会に呼び戻され高校教育課長になりました。高校教育課は、教科指導、生徒指導、進路指導等の高校教育全般を扱う課です。高校教育課長は一年務めただけでした。

平成二十四年には、県立前橋高校の校長になりました。前橋高校は「質実剛健、気宇雄大」を校訓とする学校で、生徒たちは積極的に高校生活を送っています。年齢が上がり、肉体的に衰えるなかで、生徒たちからエネルギーをもらっていたような気がします。

そして、今年の四月から総合教育センターの所長になり、今こうして皆さんの前に立っています。

振り返ると、あっという間に時が過ぎてしまったような気がします。それだけ、真剣に生きられたということだと思います。教育はやりがいのある仕事です。教員になって良かったと思っています。もう一度生まれ変わっても、教員になると思います。特に学校は楽しい。生徒はかわいい。夢がある。今学校を離れて改めてそう思っています。皆さんが教育に関する職を選んだことは良い選択だと思います。金持ちにはなれませんが。

あるとき、モスクワからエアメイルが届きました。「先生のおかげで今、モスクワの大学で勉強しています」という内容でした。手紙をよこした人物は、高崎高校の卒業生で、高校三年の進路相談のとき、東京外国語大学の英米語に進学したいと言っていたのを、「東京外語へ行くなら、その言語を習得しただけで飯が食える言語にした方がよい」と言って、私が東京外国語大学のロシア語学科に進学するきっかけをつくった生徒でした。

目の前の生徒に働きかけることは、未来や世界に向けて働きかけること。一人の人間の人生は時間的にも空間的にも限界があるけれども、生徒は自分の生きる時間を超えて生きていくし、自分の生きる空間を超えて生きていく。私はモスクワには行けないけれども、私が影響を与えた人間がモスクワにいて生きている。教育は夢のある仕事です。

次に、日本の教育は世界トップレベルという話をします。

私は将棋や囲碁を少しやりますが、現在の形勢が全体として優勢なのか、劣勢なのかを見分けることは大変むずかしいものです。しかし、その形勢判断ができないと、優勢なのに無理をして勝ちを逃してしまったり、劣勢なのに逆転の手段を講じないでそのまま負けてしまうことになります。

日本の教育について考える場合も、今日本の教育がどのような状況にあるのかを大局的にながめ、判断することが大切です。

昨年ブラジルで行われたサッカーのワールドカップでは、試合に敗れた悔しい気持ちを抑えて、観客席のゴミを丁寧に集めた日本人サポーターのマナーが世界中から絶賛されました。東日本大震災のときにも、未曾有の大災害にもかかわらず、モラルを失わない日本人の姿は世界中から高く評価されました。日本の学校は、学習とともに部活動や学校行事などの教育活動にも力を入れ、大勢の教職員が献身的に取り組んでいます。そのことが「我慢、奉仕、協力、感謝」など、人間として大切な心や態度を育てるのに大きく役立っています。

国際的な学力調査によると、日本人の学力は、子どもも大人も世界のトップクラスです。PISAの学習到達度調査によれば、数学七位、読解力四位、科学四位です。日本より上位は、上海、香港、シンガポールなどです。二〇一三年のPIAAC成人学力調査によれば、言語能力一位、数学力一位、IT活用力十位です。

このことを当たり前のように思っている日本人が多いのですが、小学校、中学校、高校などに勤務する大勢の教職員が時間を惜しまず、教育に熱い情熱と献身的な努力を注いでいることを忘れてはならないと思います。

日本の中学校教員の「通常の一週間」の「仕事時間の合計」は、調査参加国平均三八・三時間に対し、五三・九時間で最も長いという調査結果がこのことを裏づけています。

改めて言うまでもないことですが、それぞれの学校においても、教育界全体においても、現在行われている教育は長い歴史の中で試行錯誤を繰り返し、淘汰されて生き残った結果として存在しています。安易に否定することのできない重みを持っています。新採用の教職員の皆さんには、日本の教育の伝統と先輩の先生方の努力に謙虚に学ぶ姿勢をもってほしいと思います。

次に、私が校長時代、教職員にお願いしていた四つの原則についてお話します。皆さんにもそうあってほしいと思います。

一つ目は、「現実の追認ではなく、理想を追求する」ということです。現実に適応するだけでなく、未来を切り拓くことのできる人間を育てる。そのために、生徒の十年後、二十年後、五十年後を見据えて教育する。全国から、かくあるべしと言われるような学校を目指すという意気込みが必要だと思います。

二つ目は、「正々堂々、王道を行く」ということです。教育は理想を求めるもの。だから、不正不純な方法を使ってはならない。生徒、保護者、県民に説明できる教育を行うこと。偏った教育も好ましくない。知・徳・体のバランスの取れた教育を行うこと。授業、学校行事、部活動のそれぞれが充実した「楽しい学校」を目指すことが大切だと思います。

三つ目は、「力を結集する」ということです。

教育は学校全体で行う。教職員全員で教育を考え、実践すること。ただし、人に相談する前に、自分なりの対応策をまず考えることが大切です。今日は、教員、養護教員、事務職員、実習助手、寄宿舎指導員と、いろいろな職種の人がいますが、それぞれの立場で、他の職種の人と協力して、学校の充実発展に積極的に貢献してください。

四つ目は、「信頼を基盤とする」ということです。

教職員が信頼されなければ教育は成り立たない。酒気帯び運転、体罰、情報漏洩に、特に注意する。そして、自分が信頼されるように努力するだけでなく、他者、特に生徒を信頼するように心がける必要があると思います。

最後に、新採用教職員の皆さんに留意してもらいたいことを七つお話します。

一つ目は、「信念をもつ」ということです。

教員の皆さんは教育学で一番最初に学んだと思いますが、教育は、教育を行う者が教育を受ける者に、目的をもって意識的に何かを学ばせようとする行為です。たとえば、人は戦争に巻き込まれても何かを学ぶことがありますが、それは偶然学んだのであって、人に何かを学ばせるために戦争が行われたわけではありません。だから、戦争は教育ではありません。

つまり、子どもたちをこのように育てたいという信念、このことを教えたいという信念がなければ教育は成り立ちません。そして、教育者であること、教育に関係する仕事に携わることを生きがいとし、情熱をもたなければ、信念をもつことはできません。

おそらく、皆さんとかかわる子どもたちが教育という仕事のすばらしさを教えてくれると思います、生きがいを感じさせてくれると思います。生きがいを感じたら、自分が今まで経験し学んできたすべてをかけて自分自身の信念を作り上げてください。

二つ目は、「基礎力を高める」ということです。

教員、養護教員、事務職員、実習教員、寄宿舎指導員、それぞれ自分の仕事の基礎となる知識や技能を身に付ける努力をしてください。

教員であれば、教科指導のための基礎的な知識をしっかり学ぶこと。さらに、先輩の先生方の授業をできるだけたくさん見せてもらって良い授業を行うための技能を身に付けることです。授業がしっかりできない教員はたとえ部活動や生徒指導に熱心に取り組んでも児童生徒からは信頼されません。授業こそ教員の「アイデンティティ」です。

事務職員であれば、基本的な事務処理の方法や根拠となる法令規則を学ばなければなりません。他の職も基礎的な知識や技能が大切であることは同じです。

三つ目は、「きらりと光るものをもつ」ということです。

小学校低学年の子どもを除けば、子どもたちは、教員がどんなことについても完璧な知識を持ち、いつも魅力的な授業をするとは思っていません。しかし、ときに児童生徒が「すごい」と尊敬するような授業をすることがないと子どもたちを引きつけることはできません。

教職員組織の中でも、あの人がいないと困るというものを何かもっていれば存在感が増します。たとえば、部活動、ＩＣＴの技術、法律など。宴会の幹事も貴重な能力です。皆さんはそれぞれ得意な分野があると思いますので、それを今後も伸ばすようにしてください。

四つ目は、「自分で考える」ということです。

皆さんは新採用で経験が少ないので、基本的に職務を遂行するときには、上司や先輩に確認しながら進めなければなりません。しかし、「どうしましょうか」という聴き方は好ましくありません。なぜなら、そのような聴き方は思考を途中でやめて、対応を考えることを他者に「丸投げ」しているからです。

そうではなく、「このようにしたいと思いますが、どうでしょうか」と自分なりの対応案を告げてから判断を仰ぐようにしてください。そのような姿勢が皆さんを職業人として成長させていくと思います。

五つ目は、「余裕を持つ」ということです。

とかく、「全力を尽くす」、「一生懸命やる」ということが高く評価されます。短期的にはそれでよいのでしょうが、長期的には、「余裕」のない生き方はどこかで破綻を来す恐れがあります。組織も、効率だけを追求する、余裕のない組織は長続きしません。

「余裕」がなければ、視野が狭くなり、目の前のことしか見えなくなります。目の前のことしか見えなければ、判断を間違える可能性が大きくなります。

「余裕」がなければ、考え方が自己中心的になり、他者への思いやりや優しさがなくなります。思いやりや優しさのない人が世の中に受け入れられることはありません。

「余裕」がなければ、安定した力を発揮し続けることができません。安定した力を継続して発揮できなければ、大勢の児童生徒を導いていくことはできません。

だから、児童生徒を指導する皆さんには、常に余力を蓄え、余裕を持っていてほしいのです。

しかし、「余裕を持つ」ということは、安易に目標のレベルを引き下げ、力の出し惜しみをすることではありません。むしろ、努力を積み重ねることで、目標達成に必要とされる以上の実力を身に付けることです。マラソンに譬えれば、10㎞走れる実力があるのに、5㎞のレースに出場して余裕をもって走ることではありません。10㎞走れる実力で満足しないで練習をさらに積み重ねて、20㎞走れるまで実力を高めた上で、10㎞のレースに出場し、余裕を持って走るということです。

皆さんには、努力を積み重ねて、「余裕を持つ」ことで、教育を担う人間として充実した人生を送ってほしいと思っています。

六つ目は、「バランスを取る」ということです。

世の中にはさまざまなものがさまざまな価値をもって存在しています。だから、人生のあり方を考える場合には「バランスを取ること」が大切です。

たとえば、今を楽しむべきか、将来のために我慢して努力すべきかという問題です。人生は連続しているので、将来のことを考えて準備することは必要不可欠です。しかし、それぞれの瞬間自体がもっている「かけがえのない価値」も大切にしていかないと空虚な人生になってしまいます。小学校、中学校、高校の学校生活は将来に向けて勉強するという役割を負っていますが、一方で子どもたちは二度ともどらない時間を生きています。

自分のために生きるべきか、社会のために貢献すべきかという問題です。人間は自分一人で生きているわけではありません。だから、自分のためだけでなく、人に親切にすること、そして社会に貢献することはもちろん大切です。しかし、人間が生きる意味や価値はいつも社会との関連のなかで相対的に決まるわけではありません。一人の人間が生きることそれ自体に絶対的な価値があります。

教育においては、知・徳・体のバランス、授業、学校行事、部活動のバランスも重要です。

七つ目は、「知識を軽視しない」ということです。

今年は太平洋戦争の終戦から七十年を迎えています。戦争に敗れた日本はサンフランシスコ講和条約が発効するまで七年間、連合国軍に占領されました。

連合国軍の最高司令官はマッカーサーですが、そのマッカーサーが当時の総理大臣吉田茂につぎのような質問を投げかけたそうです。

自分は日露戦争を視察に来たことがある。そのときに出会った日本の将軍たちはそれぞれに風格があって立派だった。それに対して今度、三、四十年ぶりに日本に来て、大ぜいの将軍たちに会って見ると、同じ人種、同じ民族だとは思えないくらい違っている。どうしてこのようなことになったのか。

総理大臣の吉田茂は、文教政策を検討するために組織された文教審議会の冒頭で、マッカーサーの質問を紹介し、委員に意見を求めたそうです。

このことについて、委員の一人で、東京大学教授、当時日本随一の哲学者、倫理学者であった和辻哲郎が次のような意見を述べています。

東郷平八郎や乃木希典のような日露戦争のころの将軍は、『論語』『孟子』のような古典を学んだ後に、西洋の軍学を学んだ。それに対し、太平洋戦争当時の将軍たちは初めから教育勅語や軍人勅諭によって育てられた。両者の風格の違いはそこから生まれたのではないか。

さらに、海軍は、日本海海戦を勝利に導いた名参謀秋山真之《さねゆき》がその経験に基づいて書いた実用的な教科書で、その後の海軍士官を養成したが、兵器の革命に応じ得る創造的な働きをすることのできる海軍士官はその教科書からは生まれなかった。

つまり、あまり要領のよい実用的な教育は、かえって思考力や創造力を育てることはできない。遠回りに見える古典の方が、思考力や創造力を育てるのに有効であると考える。

和辻哲郎は、このような意見を述べました。

現在、日本の教育では、「生きる力」、「思考力・判断力・表現力」「アクティブ・ラーニング」ということばに代表されるように、実用的な価値を重視する傾向が強くなっています。

学問は、実生活、つまり、仕事や人生に活用されてはじめて意味をもちます。だから、「生きる力」という目標を掲げて、学ぶ意欲を高めたり、課題を解決する姿勢を身に付けさせていく教育のあり方は間違ってはいません。

しかし、和辻哲郎が述べているとおり、そのような学習が、人類が長い年月をかけて作り上げてきた

「知の蓄積」を軽視するのであれば、真の意味での「生きる力」を身につけることはできないと思います。

申し上げたいのは、実用を重視するあまりに知識を軽視してはいけないということです。

取り留めもないことをいろいろと話しましたが、皆さんの今後の人生や仕事に役立つものが少しでもあれば幸いです。

冒頭でもお話したように、私は三月まで高校の校長をしていましたので、四月八日に、入学式で新入生に話せないことをたいへんさびしく思いましたが、本日このように前途ある、そしてこれからの群馬の教育を背負っていく多くの皆さんにお話しすることができたことをたいへんうれしく思っています。

皆さんの活躍を期待しています。以上です。

※　吉田茂『回想十年』（中公文庫）を参考にした部分があります。

センター職員に期待する

職員研修講話（平成二十七年四月三十日）

今日は忙しい中、私の考えを話す機会をいただき、感謝しています。組織においては、長である人間がどのような考えをもっているのかを職員に承知してもらうこと、逆に、長である人間が、職員の考えをよく聴いて最終判断をすることが大切です。

私は、高校の教諭・校長、学校人事課、高校教育課を経験しましたが、センターははじめてです。

特に、私は、高校教育の出身なので、義務教育の皆さんからすると、異質の考え方をしているかもしれません。それだけに、自分の考えを丁寧に説明し、皆さんの考えを理解するように努めることが大切であると考えています。

しかし、センターや義務教育のことをよく知らないということをマイナスにばかりは考えていません。知らないということは先入観に惑わされず新鮮な目で見られるという利点もあります。

ところで、私は現在、教育のあり方について、強い問題意識をもっています。

一つ目は、「日本の教育は世界のトップクラスであるということをきちんと認識した上で、改革を考える必要がある」ということです。

日本人のモラルはいろいろな場面で世界中から評価されています。また、国際的な学力調査によると、日本人の学力は、子どもも大人も世界のトップクラスにあります。（二〇一二年ＰＩＳＡ学習到達度調査　数学七位、読解力四位、科学四位。（日本より上位は、上海、香港、シンガポールなど）。二〇一三年ＰＩＡＡＣ成人学力調査　言語能力一位、数学力一位、ＩＴ活用力一〇位。）

このことを当たり前のように思っている日本人が多いのですが、小学校、中学校、高校などに勤務する大勢の教職員が時間を惜しまず、教育に熱い情熱と献身的な努力を注いでいることを忘れてはならないと思います。

「改革」は、新たなものをつくることですが、今まであったものをこわすことでもあるので、慎重に進める必要があります。

二つ目は、「知識の軽視が日本の文化の質を損なっていく」ということです。

「知識」といっても、『坊っちゃん』の作者が夏目漱石、『国富論』の著者がアダム・スミスというような単純な知識だけでなく、夏目漱石という文学者が登場した時代的背景、アダム・スミスの論じた経済学というような、先人の研究や思想を含むところの知識です。

考える力、生きる力といっても、その源泉は知識です。知識がなければ、人は考えることはできないし、知識の量が少なければ考えるレベルは低くなります。知識を軽視するようになれば、文化は確実に衰えていきます。知識の量を七割に減らすという「ゆとり教育」が大きな学力低下をもたらしたのは周知の事実です。

確かに、勉強においては、主体的に学び、その成果を実用していくことが大切であり、「新学力観」、「学力の三要素」、「アクティブ・ラーニングの導入」には基本的に賛成です。

しかし、その考え方が、知識の蓄積を軽視するのであれば、たとえば、「時代の変化が激しいから知識を蓄積しても役に立たない。」「すぐに役に立つ知識だけを必要に応じて習得すればよい」ということであれば、賛成しかねます。

「時代の変化が激しいから」こそ、人類が長い年月をかけて精選してきた知識、「古典」が思考力や創造力の源泉になります。

「必要に応じて」学べば事足りるほど、文化は脆弱ではありません。

重要なことは、知識と実用のバランスを取ることです。実用だけでなく、知識を習得していくことが大切であることを子どもたちにも確実に教えることです。

私は、このことを、入学式、卒業式で繰り返し、前橋高校の生徒には訴えてきました。群馬県の先生、そして全国の先生にも理解してもらいたいと考えています。

三つ目は、「本来教育は格差の拡大を抑止する力にならなければいけないが、逆の力が働いているのではないか。」ということです。

ゆとり教育、新学力観の導入以来、家庭環境が教育の成果に影響を与える度合いが以前より強くなっています。基礎的知識を習得するための時間が少なくなるので、家庭環境が大きく影響します。

学校や教員は、教育格差の拡大を防ぐ配慮を常に行う必要があると考えています。

センターの事業は今申し上げた三つのことと密接に関連していると思います。

これらのことを踏まえ、所長として四つの運営方針を考えています。

一　センターの事業で群馬の教育を変える。

「教育は人なり」のことばどおり、研修を通して教員の資質向上に取り組むセンターの事業で教育は大きく変わります。授業、生徒指導、キャリア教育、管理職の学校経営を変えることができます。たとえば、「思考力、判断力、表現力」が重要であることを述べるだけでなく、基礎的知識・技能の習得も重要であることをすべての研修で強調すれば、県全体としては大きな学力向上につながります。

センターの調査研究が、教育に対する考え方を変えることもあります。教育は現実の追認ではなく、理想を追求する行為です。センターも教育の理想を考えて事業のあり方を工夫してほしいと思います。

全国から、「教育センター、かくあるべし」と言われるようなセンターを皆さんとともに目指したいと思います。

二　「子どものため、教職員のため、学校のため」を原点とする。

教育は子どものためにある。子どもの十年後、二十年後、五十年後を見据えた教育を目指すセンターでありたい。教職員が研修に来たくなるセンターを目指したい。研修成果が学校に還元され、校長が教職員を派遣したくなるセンターを目指したい、と思います。

三　説明責任の果たせる運営を行う。

教職員、生徒、保護者、県民に説明できる運営を行いたい。事業の目的、効果を明快に説明できるようにしたい。予算執行にも注意したい、と思います。

四　職員が意欲をもって勤務できる職場にする。

職員全員で教育を考え、事業を遂行したい。担当の意見は尊重します。信頼されるように努力するだけでなく、信頼するように心がけたい、仕事は厳しいがやりがいがある、人間関係は楽しいという職場にしたい、と思います。

結びになりますが、自分の考えや感性、教育観を反映させて、積極的に仕事に取り組んでください。

決断すること

新任校長・副校長研修講話（平成二十七年六月二十四日）

二日間の研修、大変ご苦労様でした。総合教育センターの閉講式は通常十分で終わるのですが、この研修では三十分取ってあり、所長からも話をするように言われています。「新任校長、副校長に期待すること」という内容でと言われています。確か、本日の最初に、吉野教育長が同じタイトルで講話をしていると思います。切れ味鋭く、明快で示唆に富む話をされていると思うので、あえて私が述べる必要はないと思っています。

そこで、参考になるかどうか分かりませんが、私自身の校長時代の経験談を三つお話したいと思います。開講式で校長の仕事は最終決断を下すことという話をしましたので、私の校長六年間のなかで、自分自身が大きなものと考えている三つの決断についてお話します。

まず、一つ目は、渋川女子高校三年目の平成二十三年三月十一日です。東日本大震災です。私がある先生を校長室に呼んで生徒指導主事になってほしいと説得しているときに地震が起こりました。説得は延期にして、校長室の隣の事務室に移りました。大きな揺れが何度もありました。生徒の悲鳴も聞こえました。

私が迷ったのは、職員、生徒を外に退避させるか、そのまま校舎内にいさせるかということです。頭の中には二つのことが思い浮かびました。

一つは、少し前に起こったニュージーランドの地震で、日本人留学生も通っていたクライストチャーチの専門学校が倒壊して大勢の犠牲者が出たことです。

もう一つは、校舎外壁のはめ込み式パネルが数日前に落下したことです。幸いにクジャクが占領している中庭に落ちたので、人的な被害はありませんでした。

事務室に集まった職員がいろいろな意見を述べてくれましたが、当然のことながら最終決断は私が下さざるをえません。結局、耐震補強工事が終了している校舎が倒壊する危険より、大勢が屋外に出る瞬間に落下物にあたる危険の方が大きいと判断して、外に退避しないで屋内にとどまる、という決断をしました。

そして、耐震工事のときに、建築技師がこの校舎で構造上最も負荷がかかっていて弱いのはちょうど校長室のあたりで、校長室が最初に倒壊しますと言っていたのを思い出し校長室にもどりました。

後に、石巻市の大川小学校の職員、児童が避難した場所が悪く、多数津波で亡くなったのを知りました。おそらく大川小の校長先生もいろいろな判断のもとにそこに逃げることを決断したのだと思います。亡くなった児童・職員に哀悼の誠を捧げるとともに、大川小の校長先生には同情の気持ちにたえません。

私はこの経験から、校長職の重み、「校務をつかさどる」ことの重みを実感しました。ときに、職員、生徒の生命にかかわる重大な決断をせざるを得ないこともあるということを学びました。それだけに、いざという時に適切な判断を下すために、平素からいろいろなことを想定しておくこと、情報と知識を集めて広い視野と洞察力を身に付けておくことの大切さを学びました。

ちなみに、地震のときに説得していた先生は、生徒指導主事を引き受けてくれました。

二つ目は、前橋高校二年目の平成二十六年三月十日です。東京大学の合格発表がありました。前橋高校は一名しか合格しませんでした。平成二十四年は十七名、二十五年は十名です。前代未聞の出来事でした。前橋高校はあと二年で百四十周年を迎え、記念誌が作られると思いますが、きっと大きく取り上げられると思います。

まず、全職員に今後の対応について意見を聴きました。私自身も熟慮した上で、出した結論が次の文章です。前年度の大学入試の結果を総括して発行され、生徒全員に配付される『前高ジャーナル三六号』に校長として寄稿したものです。

今年の大学入試で、前高の東大合格者は一名だけでした。このことについて校長としてどう考えているか書きたいと思います。

教育の目的は教育基本法に定められているとおり、「人格の完成」です。卒業式で述べたように、今年の卒業生も前高三年間の教育で、社会の課題を解決し未来を切り拓いていくことのできるたくましい人間に成長したと確信しています。

現在の前高は長い伝統のなかでたくさんの教職員と生徒が作り上げてきた優れた教育の「システム」を備えています。部活動や学校行事は前高生のアイデンティティにかかわります。授業、補習、学習合宿、添削等、前高独自の学習方法も微調整は必要かもしれませんが、有効だと思います。とかく、何か一つ問題が生じると、短絡的にすべてが悪いように考え、全体としては優れているシステムを壊してしまうことがあります。私はそのようなことのないように気をつけたいと強く思っています。

今回の事態も大きな夢や志を持つように視野を広げる機会を増やすこと、大学入試への始動を早めること等で十分対応できると考えています。

〈中　略〉

苦境に立ったときこそ、人や組織は真価を問われます。今年は前高にとって『反転攻勢』の年と思っています。勉強でもスポーツでも「さすが前高」と言われる成果を出せるように学校全体で力を合わせて頑張りたいと思っています。

学校の最高責任者として、事態をどう受け止め、今後どう対応するのかを明快に説明することが大切だと考えました。

職員会議、生徒の集会、ＰＴＡ、同窓会等、いろいろな場所で、「前高百三十七年の歴史で積み上げてきたものを信頼して学校の基本的なシステムは変えない」ということを宣言しました。

ちなみに、平成二十七年三月は、東京大学には十二名が合格しました。

三つ目は、前橋高校三年目のことです。前橋高校では今年の三月十八日から二十五日まで、はじめて希望者三十名が引率教員一名とともに、イギリスのオックスフォード大学とケンブリッジ大学を訪問するＯｘｂｒｉｄｇｅ研修を実施しました。

日本人ジャーナリストが殺されるという衝撃的な「イスラム国」の問題があったので、予定どおり実施するか否かたいへん迷いました。

そのとき、校長として考えたことを研修報告書の巻頭言で書きました。

四つ目に、「イスラム国」によるテロ行為等を心配しましたが、そのことで旅行を中止すれば、国際的な紛争がたえることはないので、海外研修を実施することはできないと考えました。学校としての実施の可否は、外務省の海外渡航情報に基づいて判断することとしました。もちろん、個人としての参加の可否は、保護者、生徒に委ねました。そして、不運にも万が一旅行団に大きな事故が起こるようなことがあれば実施を決断した者として私は校長の職を辞することも考えていました。

最後に、Ｏｘｂｒｉｄｇｅ研修は今後毎年実施するつもりで始めました。それが前橋高校の校訓のひとつである『気宇雄大』にも適っていると考えました。Ｏｘｂｒｉｄｇｅ研修を通じて前橋高校がいっそうスケールの大きな高校になることを強く願っています。

旅行団が出発後、チュニジアの博物館で日本人観光客が巻き込まれるテロがあったり、ちょうど旅行団が帰国の飛行機に乗っているときに、ドイツのルフトハンザ機が墜落する事故もありました。決断にはリスクが伴うことを改めて実感しました。よく考えれば、すべての教育活動がなにがしかのリスクを伴います。どのレベルのリスクまで引き受けるかは、結局校長が決断せざるを得ないのだと思います。

あまり参考にはならないかもしれませんが、私が校長として行った決断について、閉講の挨拶に代えてお話しました。私は、校長先生方が細心の注意を払い勇気をもって決断されていくことを願っています。副校長先生方には校長先生と一体になってそれを補佐していただきたいと思います。

結びに、先生方のご健勝とご活躍をお祈り申し上げます。

※　総合教育センターの平成二十七年度新任校長・副校長研修の閉校式で、所長として行った講話です。

「余裕」をもっていること

研和《けんわ》第五三号巻頭言（平成二十八年三月）

所長室からは総合教育センターの庭がよく見えます。紅葉の頃は特に美しく、しばし見入ってしまいます。いろいろな樹木や草花が植えられ、芝生も広く敷かれています。移転した伊勢崎東高校から引き継いだものもあるのでしょうが、新たに買い足し、配置し直すには相当の費用を要したものと思います。あらためて言うまでもなく、本館棟、講堂棟、体育研修棟、宿泊研修棟、いずれも工夫をこらして見事なつくりになっています。現在の総合教育センターがつくられた平成五年頃は財政状況がまだそれを許したということもありますが、総合教育センターの総工費は八十億円だそうです。県庁の総工費四百四十億円と比較するといかに大きな費用であったかが分かります。当時の坂西輝雄総長が開設に当たり、「立派な器をつくっていただいたのだから、今後は中身を充実させなければならない」と訓示されたそうですが、率直な思いを語られたのだと思います。

教育は、未来や世界に向かって大きく開かれた営為であり、経済で分析できる範囲を大きく超えているので、すぐにはっきりした経済効果を示せるわけではありません。だから、国や県においても、予算執行の優先順位は低くなりがちです。なかでも、総合教育センターが担う教職員研修や調査研究、教育相談等は、教育そのものではなく、教育力を高めるための補助的な事業なのでなおさらです。そのように考えると、総合教育センターを構想した人たちの教育を大切にする心や姿勢に深く敬意を表さないわけにはいきません。

私は三十五年前、大学の入学式で、機械工学の研究者で総長をしていた向坊隆《むかいぼうたかし》先生から次のような話を聴きました。

「機械の設計で最も大切なのは精密さではなく、余裕です。余裕がない機械はすぐに壊れてしまいます。許容できる誤差が大きければ大きいほど優れた機械なのです。人間も同じです。だから、大学の四年間、専門の勉強だけでなく、サークル活動、読書、旅行など、いろいろなことを体験し、スケールの大きな余裕のある人間になってください。」

たいへん良い話なので、自分自身の教訓にしているだけでなく、いろいろな場で今も紹介しています。人間だけでなく、社会にとっても、「余裕のある」状態を保つことは重要です。特に、学問や教育は、いつ、どのように役立つかはっきりとは分からないものにも力を注ぐ「余裕」をもっていることが大切だと思います。

「二〇一一年度にアメリカの小学校に入学した子どもたちの六五％は、大学卒業時に今は存在していない職業に就くだろう」とアメリカの研究者が言っています。日本も、社会の激しい変化に対応できる資質能力の育成を目指して、知識だけでなく、思考力、判断力、表現力、主体性、協働性を育てる教育に取り組んでいます。そのこと自体はたいへん重要なことですが、一方で、当面の課題解決にすぐに役立つ知識だけを必要に応じて習得していけばよいというような拙速な学び方では、これからの社会を長く生き抜いていくのに必要な思考力や創造力を伸ばすことはできないとも考えています。逆説的になりますが、変化の激しい時代だからこそ、人類が長い年月をかけて作り上げてきた「知の蓄積」を尊重し、時間をかけ「余裕」をもって、きちんと学ぶことが大切なのではないかと考えています。

総合教育センターも開設から二十年以上が経過し、外壁タイルの剥落、汚れ、空調用冷温水機の故障など、施設、設備の損傷や故障が目立つようになってきました。修理には相当の費用を要しますが、学問、教育のあり方とあわせて、社会が「余裕」をもって対応してくれることを願っています。

結びに、研和会のますますのご発展と、会員の皆様方のますますのご健勝とご活躍をお祈り申し上げますとともに、総合教育センターの事業に引き続きご支援ご協力をたまわりますようお願い申し上げまして、巻頭の挨拶とさせていただきます。

※ 総合教育センターの現役職員及びＯＢで組織されている「研和会」の機関誌『研和』に寄稿したものです。

今後ますますセンターの役割は大きくなる

「高校研和の会」挨拶（平成二十八年十一月四日）

皆さん、こんばんは。恒例の「高校研和の会」がこのように盛大に開催されることをうれしく思います。私は一年間しかセンターに勤務していないのに仲間に入れていただき、ありがとうございます。

現在は教育改革の時代。法改正や学習指導要領の改正が行われているし、今後も行われていくでしょうが、規則や制度では実質的な内容は変わりません。実質を変えるのは運用だと思います。

高校の次期学習指導要領の主眼は、「アクティブ・ラーニング」と言われています。もっとも、未確認情報では、「アクティブ・ラーニング」という言葉は、「主体的でありさえすれば何でもよい」という誤解を与えるので、今後は使わないで、「深い学び」という言葉を使うと聞いています。

さらに、「アクティブ・ラーニング」は学習のスタイルではなく、理念とも言われています。いずれにしても、運用が重要ということになります。

私が言いたいのは、今後ますますセンターの役割は大きくなるということです。

現在、センターに勤めている人にはぜひ意欲的な仕事をしてほしいと思います。また、センターOBの皆さんにはそれぞれの職でセンターの経験を生かして運用の工夫をしていただくとともにセンターへの支援をお願いします。

結びに、本日の会が楽しい会になることをご祈念申し上げますとともに、皆様のご健勝とご活躍をご祈念申し上げまして挨拶とさせていただきます。ありがとうございます。

※　この時は、すでに教育次長に転任していました。

二　教育次長時代

学校運営と教育課題について

公立高等学校長会講話（平成二十八年四月十一日）

校長先生方、たいへんお世話になります。教育次長（指導担当）の小笠原です。昨年度は総合教育センター所長、一昨年度は前橋高校の校長でした。この二年で校長先生方も相当数交代されたので、自己紹介をさせていただきました。もとは皆様のお仲間なので、気軽に声をかけてください。

今日は、学校運営と教育課題について簡潔にお話させていただきます。

最初に、学校運営についてですが、校長として学校の意思決定をするときには、「原点」を大切にしてほしいと思います。

私が考える原点の一つ目は「子どもたちのため」ということです。学校は「子どもたちのためにある」のであって、「学校のために子どもたちがいる」のではありません。ほとんどの場合、「学校のためになる」ことは「子どもたちのためになる」ので、問題にならないのですが、ときには競合することがあります。そのときは「子どもたちのため」に学校を変えてください。

原点の二つ目は、「法令、規則」です。「法令、規則」は国民、県民の意思が結実したものです。たとえば、体罰は学校教育法一一条で明確に否定されています。いかなる理由があっても許されません。教育課程の実施、必履修科目の履修も同様です。

原点の三つ目は、「アカウンタビリティ（説明責任が果たせるか否か）」です。常に「説明責任」の果たせる学校運営をしてほしいと思います。通常は表に出ることのない業務、たとえば、高校入試の合格者判定などについても、裁判等で表に出ることがあっても十分説明できる対応でなければならないと思います。

次に、教育課題への対応についてです。

教育課題への対応の一つ目は、改革は堅実に行ってもらいたいということです。現在のそれぞれの学校の姿は突然生まれたわけではありません。長年にわたる多くの教職員の試行錯誤の結果として存在します。だから、まずは、現状を謙虚に尊重し、慎重に改革を進めることが大切だと思います。

教育課題への対応の二つ目は、バランスを取ることです。一例をあげれば、「アクティブ・ラーニング」です。「アクティブ・ラーニング」に取り組むことは大切なことと思いますが、基礎基本の習得とのバランスを取る必要があります。基礎基本の習得を軽視すると、「アクティブ・ラーニング」はレベルの低いものになります。極端な場合には「遊び」になります。

「知・徳・体」のバランス、「協働学習と主体性」のバランス、英語教育の「聴く」「話す」「読む」「書く」のバランスも同様です。

教育課題への対応の三つ目は、家庭環境による教育格差、子どもの貧困への対応です。学校のあり方を考えるときに、ハンディキャップを負っている児童生徒への配慮を忘れないでください。国民全体の基礎力を高めることが社会の安定、国の発展につながると思います。

最後に、学校教育の大枠は、国や県、教育委員会によって定められていますが、枠組の運用は各学校、校長先生方にゆだねられています。すばらしい学校運営を期待しています。

復帰することになるとは

学校人事課「春秋の会」歓送迎会（平成二十八年四月二十二日）

野村課長から紹介していただきましたように、私を含めて十名が新たに、あるいは再び「春秋の会」のメンバーとなりました。転出された皆さんには、力及びませんが、早くなれてお役に立てるように頑張りますので、よろしくお願い申し上げます。

私は以前十一年間「春秋の会」の会員でしたが、八年前に県立人事係から西村主監が選んでくれたバックをプレゼントしてもらって退会するときには、このように復帰することになるとは思っていませんでした。

そのバックは今も使っていますが、先日バックを手に登庁したときにしみじみとした気持ちになりました。

十一年の勤務で、人事がどのように決まっていくのか、自分も関与するとともに見せてもらいました。どの人事も特定の人の意思で決定することはできないこと、人事は「天命」のようなものということを学びました。

転任された皆さんも、転入された皆さんも、そして残留された皆さんも「天命」です。与えられた場で、前向きに楽しく仕事をしていくことが大切だと思います。

私もそうありたいと思っています。どうぞ、よろしくお願いいたします。

※　教育次長は、学校人事課の親睦団体「春秋の会」に名誉会長として所属することになっています。

謙虚な姿勢で堅実に

『花群』第四二号（平成二十八年）

「今後は、感謝の気持ちを忘れずに、高校教育の発展のために、自分にできることを、自分の損得をあまり考えないで、誠実に行っていきたいと考えています。」昨年二月の教育者表彰祝賀会で、祝ってくれた皆さんにお約束したことです。前橋高校の校長を三年間務めさせていただき、教育者表彰を受けたことは、望外の幸せでした。許されるなら、前橋高校の校長として定年退職を迎えたかったというのが本音ですが、今は教育次長として、お約束したとおり誠実に仕事をしていきたいと考えています。

教育界に限らず、最近は改革を叫ぶ声が大きくなっています。しかし、私たちは、「思い上がってはいけない」と思います。たとえば、現在の日本の学校は、明治時代の「学制」発布以来、あるいは、江戸時代の寺子屋、藩校以来の長い歴史のなかで、数えきれぬ教育関係者が幾多の試行錯誤を重ねてきた結果として存在しています。つまり、安易に否定することのできない重みをもっています。改革は改悪をもたらす危険もあることを忘れてはならないと思います。

国際的な学力調査によれば、日本の子どもの学力はＯＥＣＤ加盟三十四か国のなかでトップです。大人の学力もトップです。そして、日本の先生方の教育にかける時間もトップです。世界で最も勤勉な先生方の献身的な努力のおかげで、世界で最も優れた教育が行われているというのが日本の教育の現状だと思います。

だから、私たちは、先人の努力に敬意を払い、まず現状を尊重して謙虚な姿勢で堅実に改革を進めていくことが大切だと思います。

五月十日に馳文部科学大臣が「教育の強靭化に向けて」というメッセージを発表しました。次期学習指導要領について、「知識と思考力の双方をバランスよく、確実に育むという基本を踏襲し、学習内容の削減を行うことはしない。」と述べています。「基本を踏襲」という言葉に教育の伝統を尊重する姿勢をうかがうことができるような気がします。

群馬県教育委員会においても、今後さまざまな改革が検討されると思いますが、私は、改革が堅実に行われるように誠実に仕事をしていきたいと考えています。

※　群馬県の女性管理職の会である「群照会」から求められ、機関誌『花群』に寄稿したものです。

改革は改悪をもたらす危険もある

群馬大学教職大学院「課題研究」公開報告会挨拶（平成二十九年一月二十八日）

群馬県教育委員会教育次長の小笠原です。本日は、平成二十八年度教職大学院「課題研究」公開報告会にお招きいただき、ありがとうございます。

まず、群馬大学教職大学院の先生方には、毎年十人以上の本県の現職教員を受け入れていただき、研究、研修の機会を与えていただき、熱心にご指導いただいておりますことに厚く御礼申し上げます。おかげ様で、大学院を修了した多くの教員が学校現場や教育行政で中核的な役割を果たしています。

また、学部から大学院に直接進学して学問を積み重ねた皆さんも、多くは大学院修了後本県の教育界で活躍していただいておりますことにも御礼申し上げます。

本日、研究発表をされる皆さん、大変ご苦労様です。多くの時間をかけて研究してきた成果であり、教職大学院二年間の集大成と思いますので、すばらしい発表になるものと期待しています。

近年、国においては、教育再生実行会議や中央教育審議会で、さまざまな教育改革が検討され、いじめ対応や教育委員会制度改革などすでに実行されたものもあります。年度内には、新たな学習指導要領が公表される見込みです。そして、小学校の英語、小中学校の道徳の教科化、高校の教科の枠組み変更、「アクティブ・ラーニングの視点による学び」の推進等の内容が含まれるようです。本日のプログラムを見ると、それらに関連する発表もたくさんあります。それぞれの研究が今後の教育実践に直接役立つ研究ばかりであると思います。

さて、折角の機会なので、教育改革について私なりに考えていることを二つ述べさせていただきたいと思います。

一つは、学習指導要領等で理念や基準を定めることはもちろん重要なことですが、理念や基準を各学校の教育のなかで実際にどう運用していくかということが同じくらいあるいはそれ以上に重要であるということです。運用の仕方で効果はまったく変わってくると思います。したがって、皆さんのように、実際に教育を行う人、あるいはこれから教育を行おうとする人が学校現場の具体的な状況を踏まえて日々研究を積み上げていくことはきわめて大切であり、教育を充実させる上で最も大きな役割を果たすと思います。

もう一つは、改革は改悪をもたらす危険もあることを忘れてはならないということです。

現在の日本の学校は、明治時代の「学制」発布以来、あるいは、江戸時代の寺子屋、藩校以来の長い歴史のなかで、数えきれぬ教育関係者が幾多の試行錯誤を重ねてきた結果として存在しています。つまり、安易に否定することのできない重みをもっています。

国際的な学力調査によれば、日本の子どもの学力はOECD加盟三十四か国のなかでトップです。大人の学力もトップです。そして、日本の先生方の教育にかける時間もトップです。世界で最も勤勉な先生方の献身的な努力のおかげで、世界で最も優れた教育が行われているというのが日本の教育の現状だと思います。

時代の変化に合わせて改革を進めることはもちろん大切ですが、私たちは、先人の努力に敬意を払い、まず現状を尊重して謙虚な姿勢で堅実に改革を進めていくことが大切だと思います。

結びに、本日の報告会が充実したものとなりますことをご祈念申し上げますとともに、発表される皆さんが大学院での研究の成果を活かして今後ますます活躍されますこと、そして群馬大学教職大学院がますます発展されますことをご祈念申し上げまして、挨拶とさせていただきます。

※　群馬大学教職大学院には群馬県の現職教員が多数派遣されており、当日の報告会の発表者になっていました。

『スリム』であること

事務長会報第五一号（平成二十九年二月）

今年度も、『ウォーキング・グランプリ』を共済組合群馬県支部が開催しました。私も周囲の職員の勧めで参加し、『歩数計』をもらいました。結果は一日五千歩程度だったので、体型をスリムにすることはできませんでしたが、歩くことの大切さを意識するという効果はあったと思います。

いま、教職員の多忙化や多忙感が大きく取り上げられ、文部科学省もタスクフォースを組織して対策を検討しています。多忙化解消の方法は仕事を減らすか、人を増やすかのいずれかです。人を増やすことは簡単にはできないので、仕事を減らすことが多忙化解消の重要な方法になります。

当然のことですが、学校が行っている事業をながめてみると、無用なものは一つもありません。一つ一つの事業は学校の歴史のなかで、多くの教職員や関係者が試行錯誤を重ねてきた結果として存在しているからです。結局、廃止できる無用な事業なんかないから忙しくても我慢してやるしかないということになってしまいがちです。

そこで、大切なのが『費用対効果』を考えることだと思います。

私が校長を務めた二つの高校では、教職員が定期考査期間中に分担して中学校を訪問し、進路指導担当の先生に学校の近況を説明し受験を促す事業を行っていました。もちろん、それなりの効果のある事業ですが、私から提案して取りやめました。学校訪問ではなく、近況を掲載した「ニュースレター」を各中学校に複数回郵送する方法に変更しました。

中学校を訪問して直接説明し、受験を勧誘する方がおそらく効果はあるのだろうと思います。しかし、『費用対効果』を考えれば、授業や部活動のない定期考査期間中こそ教職員に年休を取得して心身をリフレッシュしてもらう方が教育を充実させる上では効果的であると考えました。結果として、教育の成果が高まれば最終的には受験生が集まることになります。中学校の先生からも来訪者の対応で多忙になっているという苦情を聞いていました。

学校はさまざまです。中学校訪問を絶対に止めた方がよいと言うつもりは毛頭ありません。しかし、多忙化解消は日本の学校の重要な課題であり、少なくともこの程度のことを工夫して実施していかないと前進しないと思います。『費用対効果』の感覚は平素から予算経理を仕事としている事務職員の皆さんの方が教員よりも優れていると思います。さらに、教員の仕事は事務職員の皆さんの方が客観的に見えている面もあります。だから、事務長の皆さんには、学校のスリム化や多忙化解消についても、積極的に意見を述べていただきたいと思います。

学校も人間も、『スリム』であることを、そのスタイルの要素として、追い求めていくことが大切です。私もせっかく『歩数計』をもらったので、一万歩以上歩く日を増やしていきたいと考えています。

※　教員の多忙化及び多忙感の解消が教育委員会や学校の大きな課題になっていました。

精神論しか述べない経営者は失格

公立高等学校長会講話（平成二十九年四月十七日）

校長先生方たいへんお世話になります。

十一日の高校長協会総会でも挨拶をさせていただきましたが、今日は訓話ということなので、私が校長時代考えていたことを一つだけお話しします。

それは、「精神論しか述べない経営者は失格」ということです。校長は教育者であるとともに学校の経営者ですから、「校長として失格」ということです。

たとえば、高校入試の採点業務です。

先生方に「ミスのないように慎重に採点してください。」と校長は職員によく言います。言うこと自体は必要なことであり、大切なことですが、それだけで終わりにしたら、経営者である校長としては失格だと私は思います。

慎重に採点するための条件を整えてやることこそ経営者である校長の役割だと思います。私は、生徒の家庭学習を半日増やして採点業務の時間を増やしました。そして、従来の作業に加えて、記号や単語で答える解答が単純な部分のみもう一度点検してもらいました。

授業確保や従来のやり方と異なるという理由で反対する先生方もいましたが、高校入試のほうが優先だということでお願いしました。

点検の結果は申し上げませんが、反対していた先生方も私の取った策の必要性を理解してくれました。この話を高校教育課にしたところ、高校教育課は翌年点検の行程を増やすように全県に指示を出しました。今は各学校とも従来よりも点検の行程が増えていると思います。

多忙化、多忙感の解消も同じだと思います。

「できるだけ休養を取ってください。」と言うだけでは状況は改善しません。休養を取れるような条件を整備することが大切です。たとえば、先生方が最も休養を取りやすい定期考査の期間に研修等の行事を入れるのでは有言不実行になってしまいます。精神論ではなく、具体的施策を工夫し、実行することこそ経営者である校長の責任だと私は思います。

以上、「精神論しか述べない経営者は失格」という話をさせてもらいました。

学校教育の大枠は、国や県、教育委員会によって定められていますが、具体的な運用は各学校、校長先生方にゆだねられています。すばらしい学校運営を期待しています。

余裕をもって過ごすこと

『花群』第四三号（平成二十九年）

来年三月に定年を迎えます。先生方、生徒たちをはじめ数えきれぬ人たちにお世話になり、幸せな三十七年間を過ごさせていただきました。幸せと感じる最大の理由は余裕をもって過ごすことができたことです。

そもそも私が教員になるのに大きな影響を与えたのは、高校時代に見た高崎高校の当時の先生方の姿でした。ほとんどの先生が生徒を寄せつけない圧倒的な学識をもって悠々迫らない授業をしていました。部活動の好きな先生は楽しそうにその指導にものすごい時間をかけていました。逆に、授業が終わると早々に町中に繰り出し一杯やる先生方もいました。国内外いろいろな所を旅行し、楽しそうに話をしてくれる先生もいました。同窓生と話をしてみると、ほとんどが「先生って楽しそうで余裕があっていいな」と感じていたようです。そして、たくさんの同窓生が教員になりました。

現在、教員の多忙化が大きな問題になっています。学校があたかも「ブラック企業」のように言われることもあります。「教育は人なり」のことばのとおり、優れた教育が行われるためには優れた資質をもった人が教職を選択してくれなければなりません。新学習指導要領が提唱する「主体的・対話的で深い学び」が授業で行われるためには、指導者が豊富な学識を備えている必要があります。だから、教育界は、優れた資質をもった人が選択してくれる「魅力ある職場」であるために、多忙化解消に本気で取り組む必要があります。

「余裕をもつ」ために、大切なことがあります。それは、努力を積み重ねることで、必要とされる以上の実力を身に付けることです。マラソンに譬えれば、10kmのレースに出場するとき、10km走れる実力を身に付けたことで満足しないで、練習をさらに積み重ねて、20km走れるまで実力を高めた上で、10kmのレースに出場し、余裕をもって走るということです。余裕は与えられるものではなく、自らつかむものということです。

私自身は、余裕をもって教職生活を送ったと思っているのですが、教えた生徒たちにもそのように見えていたならこの上ない幸せです。

老兵は死なず、ただ消え行くのみ

群馬県高校長協会新年講演会（平成三十年一月十日）

一　はじめに

校長先生方、新年おめでとうございます。本日はこのような機会を与えていただき、大変ありがとうございます。

校長をしていたころは、自分の思いをさまざまな場で述べる機会がありました。今頃は卒業式の式辞を考えていたと思います。今の職はそのような機会がほとんどありません。教育長の代理で挨拶する機会は少なからずあるのですが、挨拶はその行事の担当者が作成し、起案決裁されたものを預かって読むので、勝手に述べることは許されない仕組みになっています。自分自身で挨拶を考え、述べる校長とは大きく異なります。長く教育委員会事務局で勤めてからはじめて校長になった先生が入学式の前日になって「明日の式辞を早くもって来い」と言ったといううわさも聞いています。そんなわけでこの話をいただいたときには、退職の前に自分の思いを述べる機会をもう一度もらったということでうれしかったのですが、さて、どんな題目で何を話そうかと考えると大変むずかしく感じました。

むずかしく感じた理由がいくつかあります。まず一つは、話を聴いていただく方の中に、自分と同じように本年度末に退職される校長先生が十名以上いらっしゃり、年長だからということで偉そうに話すわけにはいかないこと。二つ目は、教育委員会事務局や高校で一緒に仕事をした校長先生がたくさんいらっしゃり、取り繕ってもうそはすぐにばれること。（三週間一緒に海外研修に行った先生もいます。）三つ目は、校長を六年させてもらい、いろいろなことを述べてきたので、新鮮な素材がなかなか見つからないこと。四つ目は、依頼された時間が三十分で、長いようで短い時間なので、時間配分がうまくいくか心配なこと。そして、五つ目、最大の理由は、さまざまな、見識、経験をお持ちの校長先生方に満足してもらえる話ができるか自信がないことです。

そんなときに、私の頭に浮かんだことばが二つあります。一つは「正々堂々」です。「正々堂々」は前橋高校ホームページの校長挨拶のタイトルにしていました。困ったとき、苦しいとき、迷ったときこそ、正面から物事に当たることを心がけていました。今回も自分の思いをありのままに（率直に）語ればよいと思いました。

もう一つは、「老兵は死なず、ただ消え行くのみ」（Old soldiers never die, they just fade away.）ということばです。一九五一年四月十九日、日本の占領軍最高司令官で、朝鮮戦争のさなかに中国に原爆を投下することを提案し、驚いたトルーマン大統領から解任されたダグラス・マッカーサーがアメリカの上下両院合同議会の演説の中で引用したことばです。当時の軍人の間で流行していた歌の一節だそうです。マッカーサーはこの最後の演説の中で自分が担当していたアジア各国の情勢や極東戦略について自分の判断と信念を詳細に述べて公職を去って行ったそうです。

私も、まもなく定年退職を迎えます。マッカーサーのように格好良く述べることはできませんが、マッカーサーに倣って、公職を去る者の責任として、自分が係わってきた「教育」の現況について、自分なりの判断と信念を述べて、長年お世話になり、このような機会を与えていただいた校長先生方へのお礼としたいと思います。

二　遠回りに見える古典の方が思考力や創造力を育てるのに有効である

折角マッカーサーのことばを引用したので、マッカーサーの話をもう少し続けながら、現在の日本の教育の動向に対する私の意見を述べたいと思います。

皆さんご存じのとおり、太平洋戦争に敗れた日本はサンフランシスコ講和条約が発効するまで七年間、連合国軍に占領されていました。連合国軍の最高司令官であったマッカーサーが当時の総理大臣吉田茂につぎのような質問を投げかけたそうです。

「自分は日露戦争を視察に来たことがある。そのときに出会った日本の将軍たち（東郷平八郎、乃木希典、大山巌等）はそれぞれに風格があって立派だった。それに対して今度、四十年ぶりに日本に来て大ぜいの将軍たち（東条英機ほか、極東軍事裁判にかけられた将軍たちだと思われる）に会って見ると、同じ人種、同じ民族だとは思えないくらい違っている。どうしてこのようなことになったのか。」（ダグラス・マッカーサーは観戦武官の父アーサー・マッカーサーの副官として一九〇五年に日本を訪れている。アーサー・マッカーサーは中将まで昇進。）

総理大臣の吉田茂は、文教政策を検討するために組織された文教審議会（現在の中央教育審議会）の冒頭で、マッカーサーの質問を紹介し、委員に意見を求めたそうです。

これに対して、委員の一人で、東京大学教授であり、当時日本随一の哲学者、倫理学者と言われていた和辻哲郎（著書に『古寺巡礼』など）が次のような意見を述べたそうです。

東郷平八郎や乃木希典のような日露戦争のころの将軍は、『論語』『孟子』のような古典を学んだ後に、西洋の軍学を学んだ。それに対し、最近の（太平洋戦争当時の）将軍たちは初めから教育勅語や軍人勅諭によって育てられた。両者の風格の違いはそこから生まれたのではないか。さらに、海軍は、日本海海戦を勝利に導いた名参謀秋山真之《さねゆき》がその経験に基づいて書いた実用的な教科書で、その後の海軍士官を養成したが、兵器の革命に応じ得る創造的な働きをすることのできる海軍士官はその教科書からは生まれなかった。

つまり、あまり要領のよい実用的な教育は、かえって思考力や創造力を育てることはできない。遠回りに見える古典の方が思考力や創造力を育てるのに有効であると考える。

和辻哲郎は、このような意見を述べたそうです。この話は現在の日本の教育界に警鐘を鳴らしているような気がします。

三　「思考力、判断力、表現力」と「基礎的な知識・技能」

ここで、断っておきますが、私が今述べていることは決して新しい学習指導要領と矛盾することではありません。むしろ、新しい学習指導要領を正しく理解することにつながるものです。

小中学校の新しい学習指導要領が昨年三月に告示され、まもなく高等学校の新しい学習指導要領も告示される予定です。策定の主眼は、「予測困難な変化の激しい社会を生きる上では、変化に適応するのみならず、自らが自立して、主体的に社会に関わり、将来を作り出すことができるようになるべきであり、そのために、自ら問いを立ててその解決を目指し、多様な人々と協働しながら新たな価値を創造することのできる人材の育成を目指す。」（第三期教育振興基本計画審議経過より）ことにあります。そしてそのような人材を育てるために、いわゆる「社会に開かれた教育課程」や「主体的・対話的で深い学び」が重要であると新しい学習指導要領は述べています。

新しい学習指導要領と和辻哲郎が述べていることは一見矛盾しているように見えるのですが、決して矛盾していません。なぜなら、和辻哲郎が述べているとおり、人類が長い年月をかけて作り上げてきた「知の蓄積」を軽視するのであれば、真の意味での思考力や創造力を身につけ、新たな価値を創造することのできる人材を育成することはできないからです。そして、「主体的・対話的で深い学び」は「基礎的・基本的な知識及び技能」を習得した上で行われる学びだからです。

事実、小中学校の新学習指導要領においても、「基礎的・基本的な知識及び技能を確実に習得させ、これらを活用して課題を解決するために必要な思考力、判断力、表現力等を育むとともに、主体的に学習に取り組む態度を養い、個性を生かし多様な人々との協働を促す教育の充実に努める」と述べられており、「基礎的・基本的な知識及び技能を確実に習得」させることが前提となっています。

東京大学高大接続研究開発センター長の南風原朝和《はえばらともかず》教授は、新「大学入学共通テスト」の試行に関連して「知識というのは思考と双方向的で一体となっていると考えるべきではないでしょうか。」と述べ、安易な「知識偏重批判」に警鐘を鳴らしています。私たちは安易に「思考力、判断力、表現力」と言いますが、その本質、内実は何かを冷静に考えてみる必要があります。そうすれば、「思考力、判断力、表現力」は「基礎的な知識・技能」と別個に存在するのではなく、かなりの部分は「基礎的な知識・技能」そのものだと分かるはずです。

四　課題解決型学習

このような話をすると、「基礎的・基本的な知識及び技能」も必ず課題解決型学習の中で身に付けることを目指すべきであって、知識や技能の習得のみを目的とする学習をしてはいけないと言う人もいますが、私はそのようには考えません。

もちろん、課題解決型学習の中で基礎的・基本的な知識及び技能を身に付けていくこともできると思いますが、現代の社会の中で、自ら問いを立ててその解決を目指し、多様な人々と協働しながら新たな価値を創造していくために必要な「基礎的・基本的な知識及び技能」は膨大であり、すべてを課題解決型学習の中で身に付けようとしたら時間が足りません。

五　「ゆとり教育」の失敗

小学校の話ですが、たとえば、かけ算の九九を身に付けさせようとしたら、まずは丸暗記させる従来の教授方法の方が効率的で有効だと思います。九九の意味は使いながら理解して行けば良いのだと思います。暗記や反復という学習を軽視してはいけないと思います。そうでないと、現代の教育は江戸時代の寺子屋教育以下になります。九九を課題解決型学習で習得しようとしたら膨大な時間がかかるでしょうし、結果として完全には習得しきれないかもしれません。いわゆる「ゆとり教育」では、思考力、問題解決能力、意欲、態度を重視する新しい学力観に基づき、「知識・技能」を軽視する教育が行われるなかで、小学校高学年になっても指を使わないと足し算ができない児童が少なからずいたようです。そのような失敗を繰り返してはならないと思います。

六　「知識」を習得しても役に立たないという幻想

それにしても、「知識を習得することは大切である。」現在の日本の教育界は、なぜ、このような当たり前のことをことさらに言わなければならない状況になったのでしょうか。私は、教育再生実行会議や中央教育審議会において新しい教育の方向性を検討する過程で、一部委員によるミスリードがあったからだと考えています。

このような主張です。ニューヨーク市立大学のキャシー・デビットソンによれば、「二〇一一年度にアメリカの小学校に入学した子どもたちの六五％は、大学卒業時に今は存在しない職業に就かなければならない。」、オックスフォード大学のマイケル・A・オズボーンによれば、「今後十〜二十年程度で、アメリカの総雇用者の約四七％の仕事が自動化されるリスクが高い」。彼らの言っていることはおそらくそのとおりなのですが、だから「知識」を習得しても役に立たないと主張したのです。これは明らかな誤りです。そのような「知識」、つまり時代の流れのなかで不要になる「知識」があることは確かですが、すべての「知識」が習得しても役に立たないような誤解を与えてしまったことは大きな誤りです。

将来の社会は突然出現するわけではありません。それまでの長い人類の歴史、「文化の蓄積」、さらに今後の文化の蓄積の上に出現します。学習指導要領が確実に習得するように求めている「基礎的・基本的な知識及び技能」とはまさに、そのような現代社会の基盤になっている、あるいは未来の社会の基盤になるであろう「知の蓄積」です。それらは、将来の社会を切り拓き、たくましく生きるために必要不可欠です。

また、「知識」は必要なときにコンピュータで調べればよいので、習得する必要はないという人もいます。そのような、常に頭の中に入れておく必要がない「知識」が存在することは確かですが、「基礎的・基本的な知識」はしっかり頭の中に入れておかなければなりません。「知識」が頭の中に入っている状態、すなわちものを考えるときに常に使える状態にあることと、コンピュータで調べなければ使えない状態にあることは明らかに異なり、前者の方がスムーズに深く思考することができるのは改めて言うまでもないことです。

ここで、気をつけなければいけないことがあります。そのような常に頭の中に入れておかなければならない「基礎的・基本的な知識」はだれにとっても共通であるわけではなく、個々の人が置かれた立場、特に職業によって異なります。たとえば、医師と弁護士では全く異なります。「知識」にはそのような側面があります。さらに、社会の変化や科学の進歩によって生まれた新しい「知識」のうち、どのような知識が将来の文化・文明の基盤、つまり「基礎的・基本的な知識」となっていくのかは簡単には分かりません。流行語のうち、どのことばが生き残っていくのか分からないのと同じです。だから、概して言えば、「知識の習得」は軽視してはいけないのです。

ところが、残念ながら、日本の教育界にすべての「知識」を軽視する風潮が一定レベルで広がってしまいました。このような風潮を私は大変危惧しています。

そして、このような風潮に私自身微力ながら警鐘を鳴らしてきました。先ほどお話ししたマッカーサーの質問に対する和辻哲郎の回答の話は、前橋高校の平成二十六年度卒業式の校長式辞（平成二十七年三月二日）の中で話しました。総合教育センターで行った平成二十七年度の初任者研修所長講話（平成二十七年四月十四日）でも話しました。

七　大臣メッセージ「教育の強靭化に向けて」

総合教育センターを訪れた文部科学省の教科調査官のなかには、「アクティブ・ラーニング」が安易にもてはやされる風潮のなかで、基礎となる知識を踏まえないでただ活動しているだけの学習活動、「遊び」に等しいような学習活動が行われていることに危惧を抱いている人も大勢いました。私は文部科学省がミスリードしている、知識の習得が大切であることを文部科学省として明確に示した方がよいという話を文部科学省関係者に会うたびに繰り返していました。結局、私と同じような危惧を抱いた方が文部科学省内外に多数いて文部科学省を動かしたのだと思います。

一昨年平成二十八年五月十日、学習指導要領の検討が大詰めを迎えるなかで、馳浩大臣のメッセージ「教育の強靭化に向けて」が出されます。次のように述べています。「『ゆとり教育』か『詰め込み教育』かといった、二項対立的な議論には戻らない。知識と思考力の双方をバランスよく、確実に育むという基本を踏襲し、学習内容の削減を行うことはしない。」「学習内容の削減を行うことはしない」のはなぜか。「知識」が基盤だからです。私は遅ればせながらも、「知識」の重要性を文部科学省が再確認したものと理解しています。新学習指導要領はこのような考え方の上に策定されています。

新学習指導要領では、「アクティブ・ラーニング」ではなく、「主体的・対話的で深い学び」ということばが使われていますが、「主体的・対話的で深い学び」は「アクティブ・ラーニング」とイコールではありません。単純な「アクティブ・ラーニング」は新学習指導要領を作成するに当たっては、否定されたのだと思います。

つまり、「主体的・対話的で深い学び」は、知識と思考力の双方をバランスよく、確実に育むという基本（学びの基本）を踏襲するなかで行われる学習活動なのです。「知識を確実に習得すること」と整合性をもった学習活動なのです。

八　基礎を重視する教育の伝統

先生方もご存じのとおり、教育には昔から大きく分けて二つの極があります。一つは教科、科目という系統だった学習を重視する「系統主義」、もう一つは学習者の関心や自主性を重視する「経験主義」です。日本の教育もこの二つの極の間を揺れ動いてきました。高度経済成長期に行われた基礎学力重視の教育は系統主義、その後の「ゆとり教育」（昭和五十五年学習指導要領「ゆとりの時間」導入）は経験主義、「ゆとり教育」の弊害を修正するために二〇〇二年一月に行われた遠山文部科学大臣の提言「学びのすすめ」は系統主義です。そのように見ると、今回の新学習指導要領も振り子が少し経験主義に揺れたに過ぎないとも言えます。

そもそも、日本は、江戸時代の寺子屋教育以来「読み、書き、算」という学びの基礎を重視する教育の伝統を守ってきました。私はこの伝統こそが他のアジアの国には見られなかった明治維新の「近代化」を可能にしたし、現在においても、国際的学力調査における日本人の高い成績の原動力になっていると考えています。二〇一五年のPISA学習到達度調査においても、日本は学力のトップグループです。（OECD三十五国中、数学的リテラシー一位（五位）、科学的リテラシー一位（二位）、読解力六位（八位）、（ ）内は参加七十二国中順位）。二十一世紀のノーベル賞受賞者数もアメリカに次いで世界二位です。（二〇〇〇～二〇一四受賞者　一位：米国七十一人、二位：日本十三人、三位：英国十二人、四位：ドイツ七人、五位：イスラエル、ロシア五人、七位：フランス四人）。

日本人の学力は知識重視の教育のころから世界のトップグループでした。知識を軽視したゆとり教育で一時トップグループから落ちましたが、今は回復しています。ノーベル賞受賞者の多くは知識重視の教育を受けた人たちです。このように考えると、現代の教育改革がうまく行っているから日本人の学力が高いと単純に考えるのは現代人の思い上がりであり、長年にわたり試行錯誤を繰り返し努力を積み重ねてきた数えきれぬ教育関係者に失礼だと思います。もちろん時代は変化していくので改革は必要ですが、「現状」は安易に否定することのできない重みをもっていることも忘れてはなりません。長年の試行錯誤の結果として存在しているからです。そして、改革は改悪をもたらす危険もあることを常に忘れてはなりません。このことも合わせて申し上げておきたいと思います。

九　結論…教育においては「知識の習得」を軽視することはあってはならない

私が本日の話で申し上げたかったのは、教育においては「知識の習得」を軽視することはあってはならないということです。「基礎的・基本的な知識の習得」を軽視することは新学習指導要領に反します。新学習指導要領の「主体的・対話的で深い学び」という概念は、「基礎的・基本的な知識の習得」の重要性を再確認した上で作られた概念です。群馬の先生方に新学習指導要領の趣旨を正しく理解してほしいというのが私の願いです。子どもたちには、現在の文明や文化の基礎となっている「文化の蓄積」をきちんと学び、それを主体的に活用することで、たくましく未来を切り拓く力を身につけてもらいたいと考えています。

十　むすびに

私ごとになりますが、昨年六月に腫瘍切除のため群大付属病院に入院し、多くの方々に心配をかけました。うわさを聞いた先生方、あるいは前橋高校、渋川女子高校の卒業生たちのなかにはその後どうしているだろうとまだ心配している人がいるかもしれません。そのような人に会ったら、先日、校長協会の新年会で「老兵は死なず、ただ消え行くのみ」という題目で講演し、元気だったと伝えてください。兵営で歌われていた歌は、「老兵は死なず、ただ消え行くのみ」のあとに、「若い兵は老兵の消え去るのを望んでいるから（Young soldiers wish they would.）」ということばが続くそうです。「年をとったら潔く、次の世代の者に活躍の場を譲ろう」というマッカーサーの気持ちが込められていたことが分かります。私の今の心境もそのようなものです。

繰り返しになりますが、本日は、このような機会を与えていただき、ありがとうございました。結びに、皆様にとりまして、本年が良い年となりますようにご祈念申し上げまして、話を終わらせていただきます。ありがとうございました。

※　吉田茂『回想十年』（中公文庫）を参考にした部分があります。
※　南風原朝和氏の指摘については、産経ニュース（二〇一七・七・一九）を参照しました。
※　これは、講演会用に作成した原稿です。ホテルメトロポリタン高崎で行われた実際の講演では、時間の関係で内容をかなり割愛しました。

許されるなら、もう一度校長をやりたい

平成三十年度新任校長予定者研修会（平成三十年三月二十六日）

校長昇任（内定）おめでとうございます。

教頭や事務局職員としての能力や業績が評価されての昇任なので、自信をもって校長職を務めてもらいたいと思います。二つお話します。

一つ目は、校長の仕事は、「決断」すること、そして「責任」を取ること、ということです。

あらためて言うまでもないことですが、学校教育法（三七条）には、「校長は校務をつかさどり、所属職員を監督する」と定められています。「校務をつかさどる」とは、学校の教育活動について最終的な決断を行い、最終責任を取ることです。校長の権限はたいへん大きいし、責任もたいへん重いものです。

法令や教育委員会の権限を思い浮かべるかもしれませんが、法令や教育委員会は、枠組みや基準を示すだけです。学校の具体的な個々の教育活動は校長が最終的に決定します。

名古屋市の小学校の前文部科学次官講演問題のとおり、たとえ、文部科学省であっても、校長が決定して実施した教育活動にむやみに干渉することは許されません。「不当な支配」として避難を浴びることになります。そのような意味で、校長は学校の最高責任者です。

教育委員会は、学校の個々のあり方をきかれても、校長に代わって決断することはありません。「教

育次長、どうしたらいいでしょうか」ときかれても、「それは校長先生が決めること」と答えるだけです。もっとも、「私が校長先生の立場だったらこうします」とは言うかもしれませんが。

さて、私が校長として行った最も印象に残っている「決断」をお話します。

渋川女子高校三年目の平成二十三年三月十一日のことです。東日本大震災が起こりました。そのとき、私はある先生を校長室に呼んで次年度の生徒指導主事になってほしいと説得していました。当然のことながら、説得は延期にして、校長室の隣の事務室に移り、状況を把握しようとしました。大きな揺れが何度もありました。生徒の悲鳴も聞こえました。

私が迷ったのは、職員、生徒を校舎外に避難させるか、そのまま校舎内にいさせるかということです。頭の中には二つのことが思い浮かびました。

一つは、少し前に起こったニュージーランドの地震で、日本人留学生も通っていたクライストチャーチの専門学校が倒壊して大勢の犠牲者が出たことです。

もう一つは、校舎の外壁の一部、はめ込み式のパネルが数日前に落下したことです。幸いにクジャクが占拠している中庭に落ちたので、人的な被害はありませんでした。

事務室に集まった職員がいろいろな意見を述べてくれましたが、当然のことながら最終決断は私が下さざるをえません。結局、耐震補強工事が終了している校舎が倒壊する危険より、大勢が屋外に出る瞬間に落下物にあたる危険の方が大きいと判断して、外に避難しないで屋内にとどまる、という決断を下しました。

そして、耐震工事のときに、建築技師がこの校舎で構造上最も負荷がかかっていて弱いのはちょうど校長室のあたりで、校長室が最初に倒壊しますと言っていたのを思い出し校長室にもどりました。

後に、石巻市の大川小学校の職員、児童が避難した場所が悪く、多数津波で亡くなったのを知りました。おそらく大川小の校長先生もいろいろな判断のもとにそこに逃げることを決断したのだと思います。

私はこの経験から、校長職の重みをあらためて実感しました。ときに、職員、生徒の生命にかかわる重大な決断をせざるを得ないこともあるということを学びました。それだけに、いざという時に適切な判断を下すために、平素からいろいろなことを想定しておくこと、情報と知識を集めて広い視野と洞察力を身に付けておくことの大切さを学びました。

ちなみに、地震のときに説得していた先生は、生徒指導主事を引き受けてくれました。

関連して、念のため申し上げますが、辞令交付式は四月二日ですが、校長としての職務は一日から始まりますので、何か発生した場合はよろしくお願いします。

二つ目は、教職員と意見が異なった場合に、自分の考えを通すのは十回のうち一回か二回程度にとどめる、ということです。

もちろん、法令に定めがある場合、教職員の強い反対があっても、法令に従う、従わせるのは当然です。私が申し上げているのは、教職員の意見も、校長の考えもどちらも選択可能な場合のことです。

理由は二つあります。理由の一つは、総じて校長よりも教職員の方が学校のことをよく知っているからです。各学校の現状は、学校創立以来、代々の校長をはじめ多くの教職員が幾多の試行錯誤を重ねてきた結果として存在しています。教職員の意見はそのような学校の歴史を踏まえたものである場合が多い。つまり、安易に否定することのできない重みをもっています。思いつきの改革は改悪をもたらす危険もあることを忘れてはならないと思います。まずは現状を尊重して謙虚な姿勢で堅実に改革を進めていくことが大切だと思います。

もう一つの理由は、教職員が一丸となって教育に当たる方が良い教育ができるからです。効果一〇〇で教職員の強い反対がある方法と、効果八〇で教職員全員が賛成である方法がある場合、実施した場合の効果は後者の方法の方が高いのは言うまでもないと思います。

職員の気持ちを大切にするという意味で関連してお話しますが、私は職員に話すとき、厳しいことを言うときほど優しく穏やかに話すように心がけていました。校長の「パワハラ」もときどき問題になるので、注意してください。

校長の仕事は大変です。それでも、私は許されるなら、もう一度校長をやりたいと思っています。かけがえのない大きなやりがいがあります。皆さんが細心の注意を払い、勇気をもって校長職を務めていかれることを期待しています。

結びに、先生方のご健勝とご活躍をお祈り申し上げます。

※　これが、公職最後の講話になりました。

正々堂々と

群馬県高等学校長協会機関誌『松韻』随想（平成三十年三月三十一日）

たいしたこともしていないのに自分の仕事について書くことは恥ずかしいのですが、良し悪しは別として、後々参考となることもあるかもしれないので、書かせていただきます。

○吉井高校（教諭：昭和五十六年四月～昭和六十一年三月）

教職を吉井高校からスタートできたことは大変幸せでした。手本になる先生がたくさんいてどの先生を見習ったらいいか迷ってしまうくらいでした。文字通り親身になって面倒を見てくれた先生方ばかりで感謝のことばも見当たりません。教師としては大変未熟で授業も部活動指導も生徒指導も至らないことばかりでしたが、生徒への思いだけは強く、それに応えてくれる生徒から「教師」という仕事の本質について教えてもらったような気がします。

○高崎高校（教諭：昭和六十一年四月～平成九年三月）

当時は群馬県の現役大学合格率が全国最低ということが議会等で問題になり、進学指導の充実が期待されていました。内示から始業式までに、自分が大学入試のときに使った現代文、古文、漢文の参考書、過去の共通1次試験問題を勉強し直しました。初年度は三年理系五クラスの国語を担当しました。十一年間の高崎高校勤務のうち五回三年生のクラス担任を務め、進学実績の向上に夢中になって取り組みました。最後に受け持った三年六組は四十五名中、東大三名一橋大二名を含め四十二名が合格してくれました。専門の国語だけでなく、生徒が進学を希望する主な大学の受験問題は数・英・社にも目を通し、できるだけ丁寧に進路指導を行いました。

○県教育委員会学校人事課（管理主事～人事主監：平成九年四月～平成二十年三月）

学校人事課の管理主事、グループリーダー、人事主監として、教職員の人事配置をはじめ、人事行政全般を担当しました。「教員の心を失わない」ということを自分に言い聞かせて仕事をしました。教員人事希望表明制度、教員採用の特別支援学校枠設定、外国人教員任用、非常勤講師の月額報酬制維持、定時制の勤務時間管理、指導力不足教員の人事管理制度、勤務時間の適正な管理並びに総労働時間の短縮について（通知）、等に関わりました。

○渋川女子高校（校長：平成二十年四月～平成二十三年三月）

へそ祭の日にクジャクが渋川の町を徘徊し、警察に怒られました。私の赴任を歓迎してか、中庭で飼っていたクジャクに雛がたくさん誕生し、育つようになりました。そのためゴルフ場に譲ったクジャクが逃げ出したもので、私が怒られるべき筋ではありませんが、元を正せば渋女のクジャクなので警察には謝りました。そのクジャクは結局全身傷だらけで学校の中庭に帰巣しました。心配はクジャクのことくらいで、誠実な教職員と純真な生徒に囲まれて平和な日々でしたが、例外が二つありました。新型インフルエンザの流行で、ある日突然一クラスで七名の生徒が欠席しました。教育委員会からは高校では前例がないと言われましたが、校長として必要と考えると意見具申し、学級閉鎖を実施しました。平成二十三年三月十一日には、東日本大震災が起こりました。さまざまな不便がありましたが、こんなときこそ「学びの灯」を消さないことが学校の使命と考える、という通知を保護者に出し、一日も休校しませんでした。

○県教育委員会高校教育課（課長：平成二十三年四月〜平成二十四年三月）

教育委員会にもどることはあっても、高校教育課に勤務することになるとは全く考えていませんでした。高校教育課の事業は、新施策の立案・実施等前向きのものばかりと思っていましたが、事件なれしている者が課長になったせいか、負の案件がたくさんありました。放射性物質の不適正保持の公表、熟練技能者の懲戒免職、高校入試答案の紛失等です。沼高、沼女統合延期の決断もありました。こんなに事件が多いのではということか、一年で転任になりました。

○前橋高校（校長：平成二十四年四月〜平成二十七年三月）

正々堂々、高校教育の王道を行く、という気持ちで、熱心な教職員とともに充実した三年間を過ごすことができました。沖縄への修学旅行を復活し、二年生の十一月に実施しました。沖縄を見れば日本が見える。日本のリーダーを目指す前高生《まえたか》には多感な高校時代にぜひ沖縄を見せたいと考えました。学校のグローバル化を図るために、オックスフォード、ケンブリッジ両大学に三十名の生徒を派遣する「オックスブリッジ研修」を導入しました。平成二十六年度大学入試は東大合格一名という結果でしたが、高校教育の王道を歩んできた前高百三十六年の伝統を大切にし、あえて大きな変革は行いませんでしたが、翌年度の東大合格者数は十二倍増しました。

○県総合教育センター（所長：平成二十七年四月～平成二十八年三月）

平成二十七年度は高校の長期研修員研修が途絶えていました。平成二十八年度に向け、優秀な教員を研修員として迎え、喫緊の課題を研究して県下の高校全体に情報発信してもらう、研修後の処遇については県教育委員会が責任をもつ、という方針で、高校独自の募集要項を作成しました。その結果、校長先生方をはじめ、関係者の理解と協力をいただき、二名の優秀な研修員を確保し、高校の長期研修員研修を復活することができました。総合教育センターの複合施設化も協議されましたが、移転してくる機関とは区画を明確に区分し融合しないこと、教育文化施設としての貴重な環境を損なわないことを強く主張し、配慮してもらいました。

○県教育委員会（教育次長（指導担当）：平成二十八年四月～平成三十年三月）

教育長の代理として挨拶を述べたり、施策を検討する「教育長協議」において意見を述べることが仕事でした。学校現場の経験をもつ者として、言いにくいことでもきちんと意見を述べることを心がけました。一例を挙げれば、老朽化が進んだ県立学校の校舎補修は生徒の教育活動の根幹に関わるものであり、派手な新規事業よりも優先されるべきだという意見も述べました。内部の意思決定に関わることなので、これ以上は書きませんが、通常は表に出ない仕事こそ、アカウンタビリティ（求められたときに説明できる状態）が保たれていなければならないと考えていましたし、そのことは何度も主張しました。

校長としてこの随想を書きたかったという思いは少しありますが、冷静に振り返れば、恵まれた三十七年間を群馬県の教育界で過ごさせていただき、お世話になったすべての方々に感謝しています。

※　『松韻』には、当該年度末の校長退職者全員の教職を振り返っての随想が掲載されます。

Ⅵ 資料

群馬県立前橋高等学校沿革

明治十年　九月　前橋市曲輪町に公立中学校を創立し、名付けて東京大学区第十七番中学利根川学校と称する。これをもって創立とする。校長は師範学校長が兼務する。教員数四名、生徒数十九名。

明治十二年　六月　第一回県会開設と同時に公立中学校を閉鎖して県立中学校を師範学校内に開設し、名付けて群馬県中学校と称する。校長は師範学校長が兼務する。修業年限を四年とする。

明治十三年　一月　二十六日開校式を挙行する。これをもって開校記念日とする。

十二月　旧利根川学校校舎に移転し、寄宿舎を竜海院に仮設する。

明治十五年　四月　赤城山南麓小暮村所替戸（現在の前橋市富士見町小暮）に校舎、寄宿舎を新築し、移転する。

明治十八年　四月　この年修業年限を五年とする。生徒定員二百名。

明治十九年　二月　県会は中学校経費の支出を否決する。渋川町石坂孫市、石坂四郎平、大竹直四郎、都丸粲香、久留万村小暮秀太郎氏等の尽力にて有志の寄付及び授業料により辛うじて県立中学校として存続する。

明治二十年　九月　中学校令発布に基づき、群馬県尋常中学校と称する。
　　四月　前橋に移り竜海院を仮校舎とする。
明治二十七年　十一月　東群馬郡紅雲町分村（現在の紅雲町）に新築移転する。
明治三十年　四月　群馬県尋常中学校規則が制定される。教職員数十六名、生徒数二百六十八名。
　　三月　群馬、甘楽、碓氷、利根、新田、多野の六分校を置く。
　　四月　実科を設置する。
明治三十二年　四月　中学校令改正により群馬県中学校と改称する。
　　本校教員数二十二名、生徒数本科三百五十五名、実科八十一名。
明治三十三年　四月　三分校（高崎、富岡、太田）独立と共に本校を群馬県前橋中学校と改称する。
明治三十四年　四月　群馬県立前橋中学校と改称する。
明治四十五年　三月　卒業生数千八名に達する。
（大正元年）　四月　生徒定員を六百名とする。
昭和九年　八月　前橋市天川原町（現在の文京町）に新築移転する。
　　十一月　関東地方陸軍特別大演習に際して天皇陛下本校に行幸。
昭和十四年　四月　生徒定員を千名（一学年二百名）とする。
昭和二十年　三月　四・五年生の合同卒業式が行われる。
昭和二十三年　四月　学制改革により群馬県立前橋高等学校となる。

十月　私立厩城高等学校を本校定時制課程とする。定時制課程定員四百名。

昭和二十七年十二月　二十二日不慮の火災により講堂、体育館を除き全校焼失する。

昭和三十一年　四月　生徒定員を千二百名（一学年八学級四百名）とする。

昭和三十九年　四月　生徒定員を千三百五十名（一学年九学級四百五十名）とする。

昭和四十一年　一月　本校内に前橋第二高等学校が設置される。定時制課程の募集を停止する。

昭和四十四年　三月　定時制課程廃止となる。

昭和五十四年　六月　前橋市下沖町三二一番地一に移転する。

平成九年　四月　生徒定員を九百六十名（一学年八学級三百二十名）とする。

五月　創立百二十周年記念赤城夜間登山を実施する。

平成十九年　十月　開校百三十周年記念式典を実施する。

平成二十九年十一月　開校百四十周年記念式典を実施する。

平成三十年　四月　生徒定員を八百四十名（一学年七学級二百八十名）とする。

卒業生数（平成三十一年三月一日現在）

旧中学校卒業者数　五千二百六十九名

高等学校卒業者数　三万二百八十四名

合計　三万五千五百五十三名

群馬県立前橋高等学校（旧制前橋中学校）歴代校長

第一代	内藤　耻叟	明治十四年二月～明治十六年九月
第二代	大島　貞益	明治十七年三月～明治二十年三月
第三代	岩島　匡徴	明治二十年十二月～明治二十五年三月
第四代	大石　保吉	明治二十五年三月～明治二十六年二月
第五代	山本　宣喚	明治二十六年二月～明治二十七年二月
第六代	沢柳　政太郎	明治二十八年二月～明治三十年四月
第七代	鈴木　券太郎	明治三十年五月～明治三十三年二月
第八代	岡　元輔	明治三十三年五月～明治四十年三月
第九代	平野　象一	明治四十年四月～明治四十二年二月
第十代	秋山　恒太郎	明治四十二年二月～明治四十四年七月
第十一代	福井　彦次郎	明治四十四年七月～大正二年二月
第十二代	成富　信敬	大正二年二月～大正七年四月
第十三代	桜田　広利	大正七年四月～大正十四年三月
第十四代	松下　雅雄	大正十四年六月～昭和十年八月
第十五代	湯沢　徳治	昭和十年八月～昭和十六年十月

第十六代	柏木　広吉	昭和十七年一月～昭和二十一年三月
第十七代	中村　武雄	昭和二十一年三月～昭和二十四年八月
第十八代	大村　武男	昭和二十四年八月～昭和三十年三月
第十九代	野村　吉之助	昭和三十年四月～昭和三十九年三月
第二十代	持丸　理喜男	昭和三十九年四月～昭和四十四年三月
第二十一代	小島　俊作	昭和四十四年四月～昭和四十六年三月
第二十二代	竹園　一	昭和四十六年四月～昭和五十一年三月
第二十三代	岡本　倉造	昭和五十一年四月～昭和五十四年三月
第二十四代	藤生　宣明	昭和五十四年四月～昭和五十七年三月
第二十五代	石井　信市	昭和五十七年四月～昭和六十年三月
第二十六代	網中　正昭	昭和六十年四月～平成二年三月
第二十七代	清水　健二	平成二年四月～平成四年三月
第二十八代	由良　智	平成四年四月～平成七年三月
第二十九代	樽井　哲	平成七年四月～平成十年三月
第三十代	田村　功	平成十年四月～平成十二年三月
第三十一代	中山　傑	平成十二年四月～平成十四年三月
第三十二代	本多　嘉実	平成十四年四月～平成十六年三月

第三十三代　坂爪　睦郎　平成十六年四月～平成十八年三月
第三十四代　野村　直正　平成十八年四月～平成二十二年三月
第三十五代　吉野　勉　平成二十二年四月～平成二十四年三月
第三十六代　小笠原　祐治　平成二十四年四月～平成二十七年三月
第三十七代　鵜生川　隆之　平成二十七年四月～平成二十九年三月
第三十八代　大栗　勇一　平成二十九年四月～

群馬県立前橋高等学校校歌

作詞　平井晩村
作曲　中田　章

一
赤城颪《おろし》に送られて
学びの窓にあつまりし
健児の希望花と咲く
不断の春の厩橋《うまやばし》

二
文武の誉弥《いや》高く
聳《そび》ゆる山を仰がずや
健剛の意気潔く
流るる水に叫びあり

三
開け行く世に魁けて
急ぐに前途《みち》は遠けれど

向上努力一筋に
心ひまなき桑の弓

四

刀寧《とね》の沿岸《かわぎし》今ここに
松の緑の色深く
男児の粋《すい》をあつめたる
われ等が前橋高等学校

前橋高校長三年間の軌跡

平成二十四年度

四月　二日（月）　前橋高校着任

五日（木）　年度最初の職員会議

九日（月）　第一学期始業式

十日（火）　入学式

五月　十一日（金）～十三日（日）　県高校総合体育大会（総合三位）

二十三日（水）～二十五日（金）　第一学期中間考査

二十三日（水）　全国高校長協会総会

二十五日（金）　ＰＴＡ総会

六月二十一日（木）　第一回学校評議員会

二十八日（木）～七月三日（火）　第一学期期末考査

七月　十日（火）　校内競技大会

十四日（土）　同窓会総会

二十日（金）　第一学期終業式

二十一日（土）　優曇華

二十二日（日）～二十六日（木）夏期補習第一期
二十八日（土）～八月一日（水）夏期補習第二期
八月　三日（金）～九日（木）三年生学習合宿（志賀高原）
九日（木）～十三日（月）一・二年生学習合宿（志賀高原）
十九日（日）～二十三日（木）夏期補習第三期
二十二日（水）～二十四日（金）全国高等学校ＰＴＡ連合会和歌山大会参加
二十七日（月）第二学期始業式
九月二十九日（土）定期戦
十月　九日（火）～十一日（木）第二学期中間考査
十八日（木）雨天のため登山の予定を変更して東京方面旅行
十一月　四日（日）県高校総合文化祭
六日（火）～八日（木）一年生関西方面研修旅行
十三日（火）二年生東京方面研修旅行
二十日（火）開校記念式典・講演会（講師井野修氏）
二十七日（火）～三十日（金）第二学期期末考査
三十日（金）学校保健委員会
十二月二十一日（金）第二学期終業式、忘年会（群馬ロイヤルホテル）

二十三日（日）〜二十七日（木）　冬期補習
一月　七日（月）　第三学期始業式
十九日（土）〜二十日（日）　大学入試センター試験
二十四日（木）　第二回学校評議員会
二月　十四日（木）　高校入学者前期選抜
二十一日（木）　高校入学者前期選抜合格発表
二十五日（月）〜二十八日（木）　一・二学年学年末考査
三月　一日（金）　卒業証書授与式、卒業祝賀会
七日（木）〜八日（金）　高校入学者後期選抜
十四日（木）　高校入学者後期選抜合格発表
二十二日（金）　終業式、離任式
二十三日（土）〜二十七日（水）　春期補習
二十七日（水）　入学予定者説明会

平成二十五年度
四月　四日（木）　年度最初の職員会議、教育目標改定
八日（月）　第一学期始業式

九日（火）　入学式

五月　九日（木）　母の会総会

十日（金）～十二日（日）　県高校総合体育大会（総合四位）

二十二日（水）～二十四日（金）　第一学期中間考査

二十三日（木）　ＰＴＡ総会

二十八日（火）～三十日（木）　全国高校長協会理事会・総会

六月　八日（土）～九日（日）　蛟龍祭

二十一日（金）　県教育委員会定期学校訪問

二十五日（火）～二十八日（金）　第一学期期末考査

七月　五日（金）　第一回学校評議員会

九日（火）　校内競技大会

十三日（土）　同窓会総会

十九日（金）　第一学期終業式

二十日（土）　優曇華

二十一日（日）～二十五日（木）　夏期補習第一期

二十七日（土）～三十日（火）　全国高等学校体育大会（大分県）激励視察

二十七日（土）～三十一日（水）　夏期補習第二期

八月　二日（金）～八日（木）　三年生学習合宿（志賀高原）
八日（木）～十二日（月）　一・二年生学習合宿（志賀高原）
十九日（月）～二十三日（金）　夏期補習第三期
二十一日（水）～二十三日（金）　全国高等学校ＰＴＡ連合会山口大会参加
二十七日（火）　第二学期始業式
九月　二十日（金）　県立浦和高校訪問
二十八日（土）　定期戦
十月　八日（火）～十一日（金）　第二学期中間考査
十六日（水）　台風のため登山中止
十一月　二日（土）　県高校総合文化祭
七日（木）　開校記念式典・講演会（講師小林元氏）
十二日（火）　二年生東京方面研修旅行
十五日（金）　全国高校長協会都道府県高校長協会長協議会
二十六日（火）～二十九日（金）　第二学期期末考査
二十九日（金）　学校保健委員会
十二月　二十日（金）　第二学期終業式、忘年会（群馬ロイヤルホテル）
二十二日（日）～二十六日（木）　冬期補習

一月　六日（月）　第三学期始業式
十七日（金）　全国高校長協会理事会
十八日（土）～十九日（日）　大学入試センター試験
二十二日（水）　第二回学校評議員会
二月　十三日（木）　高校入学者前期選抜
十九日（水）　高校入学者前期選抜合格発表
二十五日（火）～二十八日（金）　一・二学年学年末考査
三月　三日（月）　卒業証書授与式、卒業祝賀会
六日（木）～七日（金）　高校入学者後期選抜
十四日（金）　高校入学者後期選抜合格発表
十七日（月）　春季校内競技大会
二十四日（月）　終業式、離任式
二十五日（火）～二十九日（土）　春期補習
二十七日（木）　入学予定者説明会

平成二十六年度

四月　四日（金）　年度最初の職員会議

八日（火）第一学期始業式・入学式
十一日（金）高校長協会総会で会長に選出される
五月　九日（金）～十一日（日）県高校総合体育大会（総合二位）
十二日（月）母の会総会
二十一日（水）～二十三日（金）第一学期中間考査
二十三日（金）ＰＴＡ総会
二十七日（火）登山
六月　六日（金）～八日（日）関東高等学校剣道大会（群馬アリーナ）
十六日（月）第一回学校評議員会
二十六日（木）～七月一日（火）第一学期期末考査
七月　七日（火）校内競技大会
十二日（土）同窓会総会、優曇華
十八日（金）第一学期終業式
二十日（日）～二十四日（木）夏期補習第一期
二十六日（土）～三十日（水）夏期補習第二期
八月　一日（金）～三日（日）全国高等学校体育大会（東京都）激励視察
二日（土）～八日（金）三年生学習合宿（志賀高原）

八日（金）～十二日（火）　一・二年生学習合宿（志賀高原）
十九日（火）～二十三日（土）　夏期補習第三期
二十一日（木）～二十三日（土）　全国高等学校ＰＴＡ連合会福井大会参加
二十七日（火）　第二学期始業式
九月二十六日（金）　定期戦
十月　七日（火）～十日（金）　第二学期中間考査
十一月　一日（土）　県高校総合文化祭
十日（月）～十三日（木）　二年生沖縄修学旅行
十一日（火）　一年生東京方面研修旅行
十四日（金）　全国高校長協会都道府県高校長協会長協議会
十七日（月）　開校記念式典・講演会（講師重原久美春氏）
二十七日（木）～十二月二日（火）　第二学期期末考査
二十八日（金）　教育者表彰表彰式
十二月　二日（火）　学校保健委員会
十九日（金）　忘年会（前橋テルサ）
二十二日（月）　第二学期終業式
二十三日（火）～二十七日（土）　冬期補習

一月　六日（火）第三学期始業式
十五日（木）～十六日（金）全国高校長協会ブロック代表校長会、常務理事会
十七日（土）～十八日（日）大学入試センター試験
二十一日（水）第二回学校評議員会
二月　四日（水）県高校長協会主催教育者表彰受賞祝賀会
十六日（月）高校入学者前期選抜
二十日（金）高校入学者前期選抜合格発表
二十四日（火）～二十七日（金）第一・二学年学年末考査
三月　二日（月）卒業証書授与式、卒業祝賀会
十日（火）～十一日（水）高校入学者後期選抜
十七日（火）高校入学者後期選抜合格発表
十八日（水）～二十五日（水）オックスブリッジ研修
二十三日（月）春季校内競技大会
二十四日（火）終業式、離任式
二十五日（水）～二十九日（日）春期補習
二十七日（金）入学予定者説明会
三十一日（火）前橋高校離任

学校経営方針

第一回職員会議（平成二十六年四月四日）

Ⅰ　校長の教育理念

○　現実の追認ではなく、理想を追求する。

・現実に適応するだけでなく、未来を切り拓くことのできる人間を育てる。

・生徒の十年後、二十年後、五十年後を見据えて教育を行う。

・全国から、「高校教育、かくあるべし」と言われるような学校を目指す。

○　正々堂々、教育の王道を行く。

・生徒、保護者、県民に説明できる教育を行う。

・知・徳・体のバランスの取れた教育を行う。

・授業、学校行事、部活動のそれぞれが充実した「楽しい学校」を目指す。

○　教職員の力を結集する。

・教職員全員で教育を考え、実践する。

・一人一人が必ず自分の案を考える。

○　信頼を教育の基盤とする。

・教職員が信頼されなければ教育は成り立たない。

・酒気帯び運転、体罰、情報漏洩には、特に注意する。
・信頼されるように努力するだけでなく、信頼するように心がける。

Ⅱ　学校運営

1　校訓

質実剛健　気宇雄大

2　教育目標

教育基本法及び学校教育法に示された「教育の目的」を実現するために、その「目標」の達成を目指すとともに、本校の校訓を尊重し、特に次の5項目を目標とする。

（1）理想を追求し、未来を切り拓くために、着実に努力する姿勢を育む。
（2）知識を充実させ、思考力、判断力、表現力を伸ばす。
（3）個人の価値を自覚し、自然や文化を尊重する豊かな心を育む。
（4）スポーツを愛好し、心身の健康の保持増進に努める姿勢を育む。
（5）個性や能力を伸ばすために、自らを律する生活態度を育む。

3　学校運営方針

本年度の重点目標

教育目標を効果的に達成するために、学校経営の重点を次の事項におく。

（1）学力の向上を図る。

○　学習意欲を高める魅力的な授業の実施
○　生徒の学力及び学習実態の把握
○　指導内容・指導方法の工夫改善
○　読書指導と「適書１５０選」の活用
（２）生徒指導の充実を図る。
○　基本的生活習慣（朝型生活習慣）の確立
○　安全教育の徹底と交通事故の撲滅
○　学習と部活動の両立
○　責任の自覚と規則の遵守
○　いじめの未然防止
（３）進路指導の充実を図る。
○　大学・企業訪問、模擬講義、進路講演会等、キャリア教育の推進
○　資料の整備・分析及び、生徒の適性・能力を踏まえた進路指導の充実
○　本校独自の進学指導（補習・添削、学習合宿、志望校検討会等）の効果的な実施
○　海外研修旅行の効果的な実施
（４）特別活動の推進を図る。
○　「ホームルームの時間」の有効活用

○ 沖縄修学旅行の効果的な実施

○ 生徒会活動の活性化

○ 部活動の充実発展

(5) 環境の整備と安全の確保を図る。

○ 校舎校庭の清掃美化と安全点検の実施

○ 防災マニュアルを活用した災害対策の推進

(6) 家庭、地域、関係機関との連携を図る。

○ ＰＴＡ、同窓会、地域との連携強化

○ Ｗｅｂページによる情報発信

(7) 情報管理の徹底を図る。

○ 情報処理システムの点検及び改善

○ 情報のチェックとセキュリティの徹底

※ 平成二十六年度第一回職員会議で全職員に配付しました。実際に配付したものは横書きです。

※ 教育目標は平成二十五年度に改定したものです。

※ 平成二十四年度、平成二十五年度も内容的にはほとんど同じものを配付しました。

あとがき

前橋高校の校長を退任してからすでに四年余の時が経っていますが、前橋高校に対する熱い思いは心の中にしっかりと残っています。「男児の粋をあつめたる　われ等が前橋高等学校」と歌う生徒の声が聞こえるように感じるときもあります。

前橋高校の校長を三年間も務めることができたことは、この上なく名誉なことであり、幸せなことだと思っています。そして、何よりも大過なく楽しい三年間を過ごすことができたことをありがたく思っています。

自分が述べてきたことや書いてきたことをあらためて読み返してみると、当時の自分が生徒のこと、学校のこと、教育のことをどう考えていたかがよく分かります。それぞれの場面で述べたことは、それぞれになつかしいものであるとともに、決して細切れではなく一貫していると私自身は思っているのですが、ひとりよがりかもしれません。

生徒には、「勉強、部活動、学校行事にバランスよく取り組むこと」、「思考力、判断力、表現力も大切だが、その基盤は知識であること」、「高校時代にはかけがえのない価値があること」を繰り返し述べていた、と私自身は思っています。

また、校長の決断としては、関西方面研修旅行をやめて沖縄修学旅行を復活したこと、東大合格者一名の「非常事態」（校長二年目）に対して「前中前高《まえちゅうまえたか》百三十七年」の伝統を信じて従来の教育を変更するのではなく逆に徹底したこと、英国のオックスフォード大学、ケンブリッジ大学へ希望者三十名を派遣する海外研修を導入したことが大きな決断であった、と私自身は思っています。

これらの取組に対する評価は、前橋高校と卒業生の今後の活躍で決まっていくのだろうと思います。有効と評価できる取組であれば、伝統として受け継がれていくであろうし、そうでなければ、変更あるいは廃止されていくのだろうと思います。

前橋高校で三年間を勤め上げることができたのは、素直で前向きに努力する生徒たち、時間や損得を顧みず教育にあたってくれた先生方、理解と協力を惜しまない保護者の皆様、たくさんの激励と支援をいただいた同窓会の皆様をはじめとする、大勢の関係者の皆様のおかげです。この場をお借りして心よりお礼申し上げます。ありがとうございました。

私のあと、二人の先生が前橋高校の校長を務めていますが、前橋高校は順調に発展しているようです。平成二十九年度は群馬県高校総合体育大会ではじめて総合優勝しました。平成三十年度からはスーパーサイエンスハイスクールとなりました。

幸いなことに、沖縄修学旅行やオックスブリッジ研修は受け継がれていると聞いています。

今後も、前橋高校が社会の変化や教育改革の荒波にながされることなく、日本の高校教育を先導する学校であることを強く願っています。

おそくなりましたが、埼玉県立浦和高等学校の前校長で現在は武蔵高等学校中学校の校長をされている杉山剛士先生がご多忙にもかかわらず巻頭のことばを寄せてくれました。先生は東京大学教育学部教育社会学研究室でともに学んだ友人で、隣の埼玉県で先生が浦和高校の校長として活躍されていたことは私の在職中の大きな心の支えでした。今回は友情の重みをあらためて痛感しています。

結びに、今回の刊行にあたりましては、群馬県立前橋高等学校、上毛新聞社、有限会社イワモト・フォトをはじめ、たくさんの皆様にご指導、ご支援、ご協力、ご理解をいただきました。心よりお礼申し上げます。

令和二年

群馬県立前橋高等学校　元校長　小笠原祐治

主な参考文献等

○吉田茂著『回想十年』（中公文庫）
○おおたとしまさ著『名門校とは？ 人生を変える学舎の条件』（朝日新書）
○福沢諭吉著『文明論之概略』（岩波文庫）
○福沢諭吉著『新訂　福翁自伝』（岩波文庫）
○平井芳夫編著『平井晩村の作品と生涯』（煥乎堂）
○大野耐一著『トヨタ生産方式－脱規模の経営をめざして－』（ダイヤモンド社）
○羽生善治著『大局観　自分と闘って負けない心』（角川新書）
○苅谷剛彦著『教育改革の幻想』（ちくま新書）
○阿川弘之著『山本五十六』上下（新潮文庫）
○国立教育政策研究所のウェブページ
『ＯＥＣＤ生徒の学習到達度調査～２０１５年調査国際結果の要約～』
『ＯＥＣＤ国際成人力調査報告書』
○教育再生実行会議『「学び続ける」社会、全員参加型社会、地方創生を実現する教育の在り方について』
（第六次提言）
○前橋高等学校編『前橋高校百三十年史』上巻下巻

○平成二十六年度　前橋高校卒業アルバム（有限会社イワモト・フォト制作）
○その他、前橋高校の学校要覧、生徒会誌『坂東太郎』、前高ＰＴＡ新聞、前中・前高同窓会誌等

著 者 略 歴

小笠原　祐治（おがさわら　ゆうじ）

群馬県高崎市在住

昭和33年３月　高崎市に生まれる
昭和51年３月　群馬県立高崎高等学校卒業
昭和56年３月　東京大学教育学部教育学科卒業
昭和56年４月　群馬県立吉井高等学校教諭
昭和61年４月　群馬県立高崎高等学校教諭
平成９年４月　群馬県教育委員会事務局学校人事課管理主事
平成16年４月　群馬県教育委員会事務局学校人事課
　　　　　　　県立学校人事グループリーダー
平成19年４月　群馬県教育委員会事務局学校人事課人事主監
平成20年４月　群馬県立渋川女子高等学校長
平成23年４月　群馬県教育委員会事務局高校教育課長
平成24年４月　群馬県立前橋高等学校長
平成27年４月　群馬県総合教育センター所長
平成28年４月　群馬県教育委員会事務局教育次長（指導担当）
平成30年４月　群馬県立土屋文明記念文学館館長（嘱託）（現職）

正々堂々と
—前橋高校長三年間の軌跡—

著　　者　小笠原祐治

印刷・発行　上毛新聞社事業局出版部
〒 371-8666　前橋市古市町 1-50-21
☎ 027-254-9966

発行日　2020 年 1 月 24 日